Ernst Brücke

Schönheit und Fehler der menschlichen Gestalt

unikum

Ernst Brücke

Schönheit und Fehler der menschlichen Gestalt

ISBN/EAN: 9783845744179

Erscheinungsjahr: 2012

Erscheinungsort: Bremen, Deutschland

www.unikum-verlag.de | office@unikum-verlag.de

Bei diesem Titel handelt es sich um den Nachdruck eines historischen, lange vergriffenen Buches. Da elektronische Druckvorlagen für diese Titel nicht existieren, musste auf alte Vorlagen zurückgegriffen werden. Hieraus zwangsläufig resultierende Qualitätsverluste bitten wir zu entschuldigen.

Ernst Brücke

Schönheit und Fehler der menschlichen Gestalt

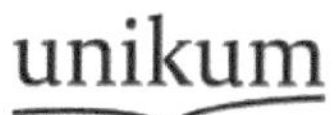

SCHÖNHEIT UND FEHLER

DER

MENSCHLICHEN GESTALT

VON

ERNST BRÜCKE

WEIL. EMER. PROFESSOR DER PHYSIOLOGIE AN DER WIENER UNIVERSITÄT UND EHEMALIGEM LEHRER DER ANATOMIE AN DER AKADEMIE DER KÜNSTE IN BERLIN.

MIT 29 HOLZSCHNITTEN VON HERMANN PAAR.

ZWEITE UNVERÄNDERTE AUFLAGE.

WIEN UND LEIPZIG.

WILHELM BRAUMÜLLER

K. U. K. HOF- UND UNIVERSITÄTS-BUCHHÄNDLER

1893.

INHALT.

Einleitung.

Die folgenden Blätter schreibe ich für Künstler und für Kunstfreunde; für erstere, um sie auf manches aufmerksam zu machen, was sie, wie die Erfahrung lehrt, oft übersehen; für letztere, um sie in eine Art der Kunstbetrachtung einzuführen, welche nicht die gewöhnliche der Kunstfreunde und welche doch unerlässlich ist für das Verständnis der Werke bildender Kunst und für ihre meritorische Beurtheilung. Alles, mit Ausnahme eines Theiles der lebenden Künstler, ist einig darüber, dass die bildenden Künste von ihrer früheren Höhe herabgesunken sind, die Malerei noch mehr als die Plastik. Nirgends sieht man dies deutlicher, als in der grossen Schatzkammer der Kunst, in Italien. Man kann hier die Geschichte der Malerei in vier Zeiträume abtheilen: in den der erwachenden Kunst, in welchem die Maler hohen Idealen nachstrebten, aber noch wenig machen konnten; in die Glanzperiode, in der die Virtuosität in der Ausführung dem Adel der Ideale entsprach; in die Periode des Verfalles, in der die Ideale nichts mehr wert waren, die Maler aber noch sehr viel machen konnten; endlich in eine vierte, unbenannte Periode, in der die Ideale nichts mehr wert waren und die Maler auch nichts mehr machen konnten.

Und sind die Italiener an Begabung nicht noch dieselben, die sie im 15. und 16. Jahrhundert waren? Erkennt man dies nicht an dem Schwunge, mit dem sie in einzelnen Zweigen des Kunsthandwerkes arbeiten? Erkennt man es nicht an einzelnen ihrer Bildhauerwerke, die aus einem Wulste unvernünftigen, fast unmöglichen Zeuges*) wie einsame Sterne hervorleuchten?

Die Ursachen des Verfalles der bildenden Künste sind mannigfacher Natur. Sie können hier nicht alle erörtert werden und sind auch zum Theile von der Art, dass man nicht mit Erfolg gegen sie ankämpfen kann. Kein vernünftiger Mensch wird glauben, dass wir Leute im Frack und Pantalons, mit dem Cylinderhute auf dem Kopfe, eine Kunst haben könnten, wie sie das Alterthum oder wie sie das 15. und 16. Jahrhundert hatte. Aber gegen einzelne lässt sich ankämpfen, und es ist der Zweck dieser Blätter, anzukämpfen gegen die Verwilderung in der Darstellung der menschlichen Gestalt.

Der jetzt alles beherrschende Realismus wird von vielen unserer Künstler so verstanden, dass sie glauben, um so Dankenswerteres zu leisten, je getreuer sie ein Modell copieren. Alles, Schönes und Hässliches, wird nachgemacht, damit man nur nicht »conventionell« werde. Und wie gefährlich ist dies Copieren des Modells! Wie gefährlich ist es schon jenseits der Alpen, und wie ist es diesseits der Alpen noch viel gefährlicher! Deutsche Bildhauer, die sich längere Zeit in Rom aufhielten und deren dort ausgeführte Werke in Rücksicht auf Adel und Feinheit der Formen alles Lob verdienten, gehen bisweilen, nachdem sie wieder eine Zeitlang in der Heimat gelebt haben, auffallend zurück, ihre Formen vergröbern sich, und es tauchen Fehler auf, die am Körperbau der Deutschen häufiger sind als am Körperbau der Italiener. Das ist das Kleben am Modell. Dem lebenswarmen Körper gegenüber nehmen wir manches in den Kauf, was uns der kalte Marmor nicht bieten darf. Es ist ein niederer Vergleich, aber man ver-

*) Wie ich es einen Italiener selbst einmal bezeichnen hörte: Roba!

zeihe ihn mir, denn er ist zutreffend: der Künstler soll die Fehler in der menschlichen Gestalt kennen, wie der Pferdekenner die Fehler in der Gestalt des Pferdes kennt. Er braucht deshalb nicht einförmig zu werden, nicht seine Gestalten einem conventionellen Schema nachzubilden, er kann die Schönheit in ihren verschiedenen Erscheinungsweisen aufsuchen.

Welche ist nun die Schönheit, von der wir sprechen? Schön nenne ich diejenige Gestalt, welche sich in allen Stellungen und in allen Ansichten, soweit sie in der idealen Kunst überhaupt zur Anwendung kommen, vortheilhaft verwenden lässt.

Ich habe mich hiemit auf einen rein künstlerischen Standpunkt gestellt, indem ich die Schönheit nicht abhängig mache vom subjectiven Gefallen am jeweiligen Anblick, sondern von einem viel bestimmteren Momente, von der allseitigen Verwendbarkeit in der idealen Kunst. Man hat viel gesprochen von sinnlicher Schönheit und schöner Sinnlichkeit, aber wo die Sinnlichkeit als solche mit in Betracht gekommen ist, hat sie mehr geschadet als genützt. Sie war es, die in der italienischen Kunst die hohen Ideale weiblicher Schönheit mit dem Beginne des Verfalles der Kunst durch niedere ersetzt hat, und sie ist es noch heute, welche Maler und Bildhauer über die Fehler ihrer weiblichen Modelle hinwegsehen lässt.

Ich habe gesagt, eine Gestalt müsse, um in unserem Sinne schön zu sein, in allen Stellungen und in allen Ansichten, welche in der idealen Kunst überhaupt zur Anwendung kommen, vortheilhaft verwendet werden können. Es ist dies dahin zu erläutern, dass sie in allen Stellungen, die in der idealen Kunst überhaupt vorkommen und in allen Ansichten gute Linien geben muss, denn die Führung der Linien ist das erste und wichtigste in jedem Kunstwerke, das höhere Ansprüche erhebt. Dass das Gefühl für Schönheit der Linien in neuerer Zeit so zurückgetreten ist, ja ich möchte sagen nur noch vereinzelt gefunden wird, ist ein wesentlicher Vorwurf, den man der modernen Kunst gegenüber der des Alterthums und der Renaissance machen muss. Die Linien sind es, welche den ganzen Gesichtseindruck gliedern, ihm ihr Gepräge, ob edel oder unedel, ob klar oder verworren, aufdrücken. Wie wäre es sonst möglich, dass mit einfachen Contouren, ohne einen Schattenstrich, solche Wirkungen hervorgebracht werden könnten, wie sie thatsächlich hervorgebracht worden sind. Der Eindruck des Körperlichen erreicht auch im günstigsten Falle nicht die lapidaren Wirkungen der Linien; ja er erreicht sie in der Natur selbst nicht. Das wird bewiesen durch die allgemein bekannte Thatsache, dass der Porträtmaler sich sein Modell zurechtrückt, um es mehr en face oder en profil zu nehmen, je nachdem er sich davon das vortheilhaftere Bild verspricht. Manches Gesicht macht en face einen ganz hübschen Eindruck, während ein Profilporträt von ihm zu den unmöglichen Dingen gehören würde. Wenn uns die Unterschiede der dritten Dimension, der Tiefendimension, ebenso unmittelbar zum Bewusstsein gebracht würden, wie die Umrisse, welche sich auf unserer Netzhaut zeichnen, so müssten wir in solchen Fällen en face denselben ungünstigen Eindruck haben, wie im Profil.

Ich habe absichtlich die verschiedenen Stellungen und die verschiedenen Ansichten betont; denn dem Meister ist es möglich, auch Modelle, an denen sehr viel zu tadeln ist, so anzuordnen, dass man seinen Linien Anerkennung nicht versagen kann. Ein auffälliges Beispiel dafür ist P. P. Rubens. Seine Modelle, die Kinder abgerechnet, sind fast durchwegs gemein, namentlich die weiblichen. Es sind feiste flandrische Mägde, zwischen zwanzig und dreissig Jahren. Manchmal verdirbt die Gemeinheit der Modelle auch alles, wie z. B. in den drei Grazien, die man nur mit Lachen oder mit Ekel ansehen kann. Manchmal aber überwindet das Genie alle Hindernisse. So in der Nymphe der Diana (nach anderen Diana selbst), welche in der Rechten den Speer, im linken Arme die Jagdbeute trägt, hinter sich die Jagdhunde, vor sich einen Faun, Feldfrüchte tragend. Hier ist das, was an dem Modell plump, ja abstossend sein musste, nicht gezeigt; die Linien sind in Rücksicht auf den Gegenstand und die Umgebung untadelhaft, ja man kann ihnen einen gewissen Schwung, eine gewisse Grösse nicht absprechen. Aber der Erfolg rechtfertigt nur den Künstler, nicht das Modell. Niemand verstand es so wie Michel Angelo Buonarroti, durch an und für sich nicht vorwurfsfreie Gestalten gewaltige und wunderbar harmonische Wirkungen hervorzubringen vermöge der Art, wie er sie stellte oder lagerte, und vermöge der Art, wie er ihre Linien führte. Für ihn kam nur die Gestalt in Betracht, wie er sie darstellte; wie sie sich in irgend einer anderen Stellung ausgenommen haben würde, war für ihn gleichgiltig. Deshalb, und nicht allein wegen des nothwendigen Misserfolges im grossen und ganzen, wurde schwächeren Künstlern die Neigung, Michel Angelo nachzuahmen oder gar zu überbieten, so verderblich. Anders verhält es sich mit den Antiken. Die Bildhauer des Alterthums suchten die schönste Venus, den schönsten Apoll, die schönste Juno, die schönste Minerva hervorzubringen. Die Venus von Milo und die Medicäerin könnte man lagern, wie die Ariadne gelagert ist, und sie würden dieselben Schönheiten bleiben; die hockende Venus könnte man aufrichten, ohne ihr Abbruch zu thun; ja ihre nackten Gestalten sind manchmal wie absichtlich in Stellungen gebracht, welche unnachsichtlich tadellose Schönheit erheischen.

Da dem Künstler das Feld der Anatomie nicht fremd ist, so habe ich der Kritik der äusseren Formen, soweit es mir nützlich schien, anatomische Erörterungen hinzugefügt. Bei uns, die wir nicht mehr in der Lage sind, uns durch tägliche und stündliche Anschauung die Formen einzuprägen, muss das anatomische Verständnis uns den Weg weisen unter den vielgestaltigen Bildungen, mit denen wir es zu thun haben. Wenn der Anatom finden sollte, dass hie und da etwas vereinfacht, schematisiert ist, so möge er dies dem Zwecke des Buches zugute halten. Niemand weiss besser als der Anatom selbst, dass die volle Einsicht nur an der Leiche und mit dem Messer in der Hand gewonnen werden kann. Ich habe lieber auf Kosten des Details im allgemeinen richtige Vorstellungen erwecken wollen, als mich der Gefahr aussetzen, unverständlich zu sein.

I.

Kopf und Hals.

In Rücksicht auf keinen Theil des menschlichen Körpers weichen die Ansichten über das, was schön ist, so sehr von einander ab, als in Rücksicht auf den Kopf, insonderheit auf das Gesicht. Es ist dies begreiflich, da hier Ausdruck und Charakteristik so sehr bestimmend wirken. Da es sich in diesem Buche nur um die künstlerische Darstellung handelt, so sind für uns die Meinungsverschiedenheiten über einzelne lebende Gesichter oder deren Abbilder von untergeordneter Bedeutung gegenüber der schwerwiegenden Thatsache, dass Sculptur und Malerei in ihren Ansprüchen wesentlich von einander abweichen.

Abgesehen von dem Einflusse, den die Färbung als solche auf den Beschauer ausübt, wird der Unterschied namentlich dadurch bedingt, dass das Auge, welches im Bilde eine so grosse Bedeutung hat, in der Statue und in der Büste so viel von seiner Wirkung verliert. Ueberdies muss der Bildhauer verlangen, dass der Kopf von guter Wirkung sei, er mag von welcher Seite immer angesehen werden, während der Maler zufrieden ist, wenn er nur eine gute Ansicht findet, diejenige, welche er eben darstellen will. Der Bildhauer muss ferner trachten, Formen darzustellen, die unter wechselnder Beleuchtung und bei wechselndem Standpunkte des Beschauers durch Vertheilung von Licht und Schatten noch immer die wesentlichen Bestandtheile des Gesichtes und die charakteristischen Züge selbst aus der Ferne zur Anschauung bringen. Ich sage absichtlich durch die Vertheilung von Licht und Schatten, denn die Entfernung, aus der die Werke der Sculptur betrachtet werden, ist in der Regel zu gross, als dass das Hilfsmittel, welches wir in unseren Augenbewegungen haben, um die Unterschiede der dritten Dimension, der Tiefendimension, zu ermessen, sich noch wirksam erwiese. Die Tiefenunterschiede, wie sie das menschliche Gesicht darbietet, sind eben im Verhältnisse zu einem grösseren Abstande zu gering.*)

Unter diesen Rücksichten sind die Ideale der griechischen Bildhauer erwachsen, die nicht sterben werden, so lange es eine plastische Kunst gibt. Die Grundzüge sind bekannt.

Die Stirne ist in der Regel nicht hoch, wenigstens nicht der freie, von den Haaren unbedeckte Theil. Die Brauenbögen sind schön geschwungen und gehen direct und ohne Unterbrechung an der Nasenwurzel in die Seitenlinien des Nasenrückens über. Es ist dies wesentlich erstens für die Existenz eines guten Profils, wegen der Linie,

*) Wir sehen die Gegenstände mit beiden Augen einfach, d. h. an ein und demselben Orte des Sehfeldes, indem wir ihr Bild sich in beiden Augen auf die Mitte der Netzhaut, in der sogenannten Mittelpunktsgrube (*Fovea centralis*), abbilden lassen. Die durch die letztere gehende Augenaxe muss also auf den Gegenstand gerichtet sein. Ist dies für beide Augen gleichzeitig der Fall, so ist der Winkel, den die Axen mit einander machen, umso kleiner, je grösser die Entfernung ist, und für unendlich entfernte Objecte ist er gleich Null, d. h. die Axen sind parallel gestellt. Bei Abnahme der Entfernungen wächst der Winkel, so lange dieselben noch gross sind, sehr langsam, erst wenn das Object so weit herangerückt ist, dass die Entfernung der beiden Augen von einander nicht mehr als sehr klein betrachtet werden kann gegen den Objectabstand, wächst er rascher. Deshalb sind bei grösserem Abstande die Wahrnehmungen über Tiefe und Höhe, d. h. über grössere oder geringere Entfernung vom beschauenden Auge, wenig deutlich, wenn nicht Licht und Schatten unserem Verständnisse zu Hilfe kommen.

welche von der Stirne zum Nasenrücken herabsteigt, und zweitens wegen der Art, wie sich das Auge in der Seitenansicht und im sogenannten Dreiviertel darstellt, endlich drittens, weil durch die Art, wie der Schatten fällt, auch in der En face-Ansicht und noch für grössere Entfernungen der Zusammenhang der Nase mit der Stirne erhalten bleibt. Die Linie vom Brauenbogen zur Nase markiert sich dann in ähnlicher Weise, wie wir sie in Contourzeichnungen zu ziehen pflegen.

Der Nasenrücken ist gerade und in einer Flucht mit der Stirne, nicht im Winkel gegen sie gestellt, und nicht durch eine Einsenkung von ihr getrennt, was wesentlich ist für das einfach schöne Profil der Antiken, das auch noch als Silhouette zur Wirkung kommen muss.

Die Augen sind horizontal gestellt, nicht schief von aussen und oben nach unten und innen. Gerade weil diese Eigenthümlichkeit so häufig betont worden ist, muss ich bemerken, dass eine leichte Steigung der Augen nicht zu allen Zeiten für hässlich gehalten worden ist. Solche Augen finden sich bei den frühen italienischen Meistern, welche die Antiken noch nicht studiert hatten, und welche in der Fortbildung der von den Byzantinern ererbten Kunst ihren eigenen Weg giengen. Giotto und die Giottisten bieten zahlreiche Beispiele, auch da, wo es galt, Personen von idealer Schönheit darzustellen. Man kann sich auch in Sta. Maria Novella in Florenz an den, dem Orcagna zugeschriebenen Fresken überzeugen, dass rührende und erhabene Schönheit mit mässig schiefstehenden Augen vereinbar ist. In diesen Beispielen liegt die Abweichung von dem, was wir als künstlerisch normal betrachten, nicht sowohl in der Führung des Augenbrauenbogens, als in der der Lidspalte, indem letztere an der Schläfenseite sich mehr hinaufzieht, als dies in den Werken der Hochrenaissance der Fall ist.

Weniger häufig als die horizontale Stellung der Lidspalte ist der Umstand hervorgehoben worden, dass bei den Antiken meistens der äussere Augenwinkel stärker gegen den inneren zurücktritt, als dies bei der Mehrzahl der Leute der Fall ist, die wir täglich zu sehen gewohnt sind. Es hat dies den Vortheil, dass sich das Auge besser im Profil darstellt. Auf die Richtung der Gesichtslinien im physiologischen Sinne des Wortes, der Augenaxen, d. h. derjenigen geraden Linien, welche man sich von dem angesehenen Punkte zu den Mittelpunkten der beiden Augen gezogen denkt, hat dies natürlich keinerlei Einfluss. Diese sind unter allen Umständen abhängig von der Lage des Gegenstandes, der fixiert, der angesehen wird. Es wird nur von der Schläfenseite aus ein grösserer Theil des Augapfels in der Lidspalte sichtbar.

Die Augenlider eines Bildhauermodells, namentlich das obere, seien gegen den Rand hin nicht zu dünn und die horizontale Fläche setze sich scharf gegen die verticale ab. Dem Bildhauer fehlt die Hilfe, welche die Wimpern dem Maler für die Zeichnung des Auges darbieten. Wenn das Auge aufgeschlagen ist, seien Augenlid und Brauenwulst durch eine einfache und schön geschwungene Linie getrennt, ohne unregelmässige Nebenfältchen. Ist der Blick gesenkt, so steige die Profillinie vom Brauenwulst zu der der Hornhautmitte entsprechenden Stelle des Lidrandes geradlinig und ununterbrochen herab. Im Schlafe richtet sich die Hornhaut nach oben, und ihr Ort muss dann an einer leichten Erhöhung des Lides bemerklich sein.

Die Backenknochen dürfen nicht hervorragen und die Wangenflächen müssen continuirlich und ohne trennenden Absatz in die Oberlippe übergehen Das ist Regel bei den Antiken, welche Ideale weiblicher Schönheit oder schöne junge Männerköpfe darstellen. Nur bei älteren Individuen, ferner bei faunischen Gestalten und bei Lachenden findet sich jene bei uns so häufige Linie, welche am oberen Ende der Aussenseite des Nasenflügels beginnt, im Bogen um den äusseren Mundwinkel herumzieht und dort endigt. Die Darstellung derselben in Gesichtern, die auf ideale

Schönheit Anspruch machen, ist ein Fehler, den die neuere Kunst bei ihrer sklavischen Nachahmung des Modells leider nicht immer vermeidet. Es gibt eben bei uns eine grosse Menge hübscher und blühender Mädchen, welche diese Linie zeigen, und das verleitet die Künstler, sie nachzuahmen.

Sie kann, wo sie nicht durch das Alter bedingt wird oder durch eine Verzerrung des Gesichtes zum Lachen (sie wird auch als grosse Lachfalte bezeichnet), abhängen vom Hervorragen der Backenknochen, von einer zu grossen Breite der oberen Zahnreihe, gemessen von den vorderen Backenzähnen der einen Seite zu den gleichnamigen der anderen, oder davon, dass die oberen Zähne in der Weise schief gestellt sind, dass ihre Kronen nach vorne und nach aussen, ihre Wurzeln nach hinten und nach innen weisen. Diese Momente können einzeln oder vereinigt wirken, und ausser ihnen kommt auch noch die Beschaffenheit der Weichtheile, die mangelhafte Straffheit der Haut und die Vertheilung des Fettes in Betracht.

Eine geringe Breite des Gaumens, von den Backenzähnen der einen Seite zu denen der anderen gemessen, bildet in noch anderer Hinsicht ein wesentliches Moment für die Schönheit eines Kopfes. Sie bedingt und ist natürlich bedingt durch einen nicht zu breiten Unterkiefer, bei dem es möglich wird, dass er sich vom Halse nicht durch eine Terrasse absetzt, sondern dass auch ohne sehr reichliches Fettpolster des letzteren die Wangenfläche zwischen Ohr und Mundwinkel continuierlich in den seitlichen Theil der Oberfläche des Halses übergeht. Noch auffallender als an den meisten Antiken ist die geringe Spannweite der Zahnreihen an dem, dem Michel Angelo zugeschriebenen sterbenden Adonis, der sich in Florenz im Bargello befindet.

Der Mund, welcher dem Bildhauer als Modell für ideale Schönheit dienen soll, muss die charakteristischen Bewegungen, wie man sie an den Antiken sieht, deutlich zeigen und die Grenze zwischen der Haut und dem rothen

Theile der Lippen muss nicht bloss durch die Farbe, sondern auch durch die Form schon deutlich hervortreten. Ein Modell, bei dem dies nicht der Fall ist, bei dem sich zwar Haut und Lippenroth durch die Farbe scharf von einander trennen, aber das Relief des Mundes undeutlich oder unschön ist, ist für den Bildhauer unbrauchbar und für den Maler wenig günstig.

Die Lippen des geschlossenen Mundes müssen in ihrer ganzen Länge von einem Mundwinkel bis zum anderen so aneinandergelegt sein, dass sich die Trennungslinie durch tiefen Schatten markiert. Der Bildhauer wird oft in der Lage sein, die Rinne zu vertiefen, um die Trennungslinie zu verschärfen. Theils zu diesem Zwecke, theils des Ausdruckes halber, haben schon die Bildhauer des Alterthums den Mund oft leicht geöffnet. Die Linie des geschlossenen Mundes muss zwei einander entgegenlaufende Wellen bilden, die sich in der Mitte mit absteigenden Ästen treffen. Der Knick, der hiedurch entsteht, kann mehr oder weniger abgerundet werden. In der Form der Welle findet manche Verschiedenheit statt; da, wo sich aber die Welle gar nicht findet, sondern nur ein Bogen oder ein gerader Strich, da ist der Mund für den Bildhauer nicht brauchbar. Der leicht geöffnete Mund muss seitlich nicht in spitze Winkel ausgehen, sondern er muss jederseits durch eine von oben und innen nach unten und aussen verlaufende Linie begrenzt sein.

Es ist bekannt, dass bei manchen Antiken die Ohren höher angesetzt sind, als dies bei Lebenden gewöhnlich ist. Man hat dies als Zeugnis für die Abstammung der griechischen Kunst von der ägyptischen zu verwerten gesucht, aber C. Langer (»Anatomie der äusseren Formen des menschlichen Körpers«, Wien 1884) bemerkt bereits mit Recht, dass diese Erscheinung bei den archaischen Werken keineswegs allgemein ist, und dass gerade bei einem der bekanntesten, dem Apollo von Tenea, die Ohren correct angesetzt sind.

Das Kinn der Antiken ist rundlich, häufig mit schwachem medianen Eindruck und mit seiner Convexität mehr nach vorne, weniger schräg nach abwärts gewendet, als bei der Mehrzahl der Gesichter Lebender, welche uns umgeben.

Der antike Schnitt wird von vielen als ein Ideal angesehen, das man heutzutage nicht mehr findet und das vielleicht überhaupt niemals zu finden war; aber dem aufmerksamen Beobachter wird es nicht entgehen, dass man in Italien und selbst in Deutschland bisweilen Köpfe findet, welche sich diesem Ideale in hohem Grade nähern. Nach den Mittheilungen eines ausgezeichneten Malers, der längere Zeit im Oriente lebte, soll es in Smyrna noch in seiner vollen Reinheit zu finden sein.

Erwähnenswert ist es, dass die doch in Italien nicht seltene Adlernase in Rücksicht auf weibliche Schönheit niemals die Anerkennung der Künstler des Mittelalters und der Renaissance gefunden hat. Wo sie von dem griechischen Profile abweichen, liegt die Abweichung zunächst darin, dass der Nasenrücken mit der Stirne nicht mehr durch eine ganz gerade Linie verbunden ist; wo sie an der Form der Nase selbst ändern, geschieht es nie in der Weise, dass sie dieselbe zur Adlernase umbilden. Eher verfallen sie ins Gegentheil, und in der Frührenaissance findet man gelegentlich an weiblichen oder Engelsköpfen, die auf ideale Schönheit Anspruch machen, Nasen, die beträchtlich unter dem Masse der Antiken bleiben. Es versteht sich, dass sie nicht einem griechischen Kopfe aufgepfropft sind, sondern mit den kindlichen Zügen des ganzen Gesichtes in Einklang stehen.

Auf Rafaelischen Bildern sind mehrfach Frauenköpfe als Bildnisse der Fornarina gedeutet worden. Man unterlegt aber dabei dem Meister starke Abweichungen vom Originale, wenn das Frauenbild in der Gallerie Barberini in Rom, das auf dem Armbande die Signatur Rafael's trägt, wirklich die Fornarina darstellt. Keiner der als Fornarina gedeuteten Köpfe auf Rafaelischen Bildern zeigt die kräftige Adlernase des hier porträtierten Mädchens.

Im Herbste 1882 sah ich in der Pinakothek von Lucca eine Madonna, welche mehr Ähnlichkeit mit dem erwähnten Fornarina-Bilde hatte, als irgend eine andere mir bekannte, aber die Nase war auch schwächer. Die Madonna gehörte nicht zur Sammlung, sondern sollte Eigenthum einer Gräfin Nobili sein. Sie wurde von einigen für ein Werk des Rafael, von anderen für ein Werk des Giulio Romano gehalten.

Es ist oft gesagt worden, dass die Antiken kleinere Köpfe hätten als das jetzige Geschlecht, und nach den üblichen Messungsmethoden ist dies auch im allgemeinen richtig. Die letzteren haben ihre Vorzüge in der Bequemlichkeit für den ausübenden Künstler, naturwissenschaftlich aber ist es nicht richtig, die sogenannte Kopflänge mit der Länge der ganzen Figur zu vergleichen, weil hiebei der Quotient durch die in hohem Grade wechselnde Länge der Beine stark beeinflusst wird. Nun sind aber beim jetzigen Geschlechte vielfach die Beine kürzer als bei den Antiken. Wenn man bei den Lebenden die Kopflänge nur mit der Dimension vom Scheitel bis zu den Schamtheilen vergleichen wollte, so würde man einen mittleren Quotienten finden, welcher sich dem der Antiken mehr annähert.

Die zweite Ursache der gefundenen Differenz ist die stärkere Entwicklung des Gesichtsschädels bei den barbarischen Stämmen, deren Nachkommen die jetzige Bevölkerung von Europa in dominierender Menge bilden. Der Künstler muss wohl unterscheiden zwischen Gesichtsschädel und Hirnschädel, da deren Entwicklung keineswegs parallel geht, sondern von verschiedenen Ursachen abhängt. Der Hirnschädel bestimmt die Form des oberen Theiles des Kopfes. Von der Nasenwurzel an ziehe man eine Linie durch das Auge und durch das Ohrloch, das heisst durch den Eingang in den äusseren Gehörgang, und von da weiter zum unteren Theile des Hinterhauptes, der sich beiderseits für den tastenden Finger deutlich gegen die sich an ihn heftenden Muskeln und Bänder des Nackens absetzt. Was über dieser Linie liegt, formiert den Hirnschädel, was unter derselben liegt, den Gesichtsschädel, und bei diesem ist es wesentlich die stärkere Entwicklung der Kiefer, welche in Betracht kommt. Beim Oberkiefer ist es die grössere Höhe, welche die gemessene Kopflänge vergrössert, beim Unterkiefer das Ragen nach abwärts, sei es, dass dasselbe durch seine Grösse oder durch seine schräge Stellung bewirkt wird.

Man ziehe obige Linie an modernen, streng nach dem Leben gezeichneten Profilbildern und an Profilbildern von Antiken, und man wird häufig den Unterschied wahrnehmen, besonders wenn man noch eine senkrechte hinzufügt, welche vom Ohrloche aus gegen den Hals hinabsteigt.

C. Rochet verlangt von einem schönen Profilkopfe, dass die Entfernung des Ohrloches oder des dasselbe verdeckenden Tragus vom Kinn nicht grösser sei als vom Scheitel, was sicher bei den Antiken öfter zutrifft, als im Leben.

Nach ihm haben die Römer den kleinsten Unterkiefer. Seine Studien darüber sind in einem in der Pariser anthropologischen Gesellschaft am 29. November 1866 gehaltenen Vortrage niedergelegt.

Immerhin scheinen bei den Griechen auch die Hirnschädel in der Regel nicht gross und die hochgewölbten Scheitel, wie wir sie jetzt oft zu sehen Gelegenheit haben, nach den erhaltenen Porträtköpfen zu urtheilen, nicht häufig gewesen zu sein. Dass die freiwählende Kunst sie nicht darstellt, ist begreiflich. Erwähnt werden muss hier, dass die Venus vom Esquilin, ein antikes Kunstwerk von hoher Schönheit, einen verhältnismässig grossen Kopf hat, so dass er auch auf den Schultern eines lebenden Mädchens keineswegs als zu klein erscheinen würde.

Der Hals nähert sich bei den antiken Frauenbildern mehr der drehrunden Form, als dies bei den meisten

Lebenden der Fall ist, und der Hals gilt auch an den Lebenden für umso schöner, je gleichmässiger seine Rundung ist. Bei manchen Antiken, bei denen der Kopf leicht vorgeschoben ist, so dass der Hals etwas schräg von oben und vorne nach unten und hinten steht, ist die Form auffallend cylindrisch, indem der Umfang am oberen und am unteren Ende wenig verschieden ist. Man muss dabei die Concession machen, dass der Durchmesser von vorne nach hinten den Querdurchmesser an Länge etwas übertreffe.

Bei der Auswahl von Modellen gilt folgende Bauernregel: Wenn der Hals dünn ist und zugleich drehrund, so ist er schön, wenn er drehrund und dabei dick ist, so kann er sehr hässlich sein, und noch hässlicher kann er sein, wenn er dünn und dabei nicht drehrund ist. Wenn er nämlich dick ist, so kann er seine drehrunde Form übermässiger Fettablagerung verdanken, und wenn er dünn und nicht drehrund ist, so kann dies von grosser Magerkeit herrühren. Diese Regel weist natürlich den Künstler nicht an, den Hals beliebig dünn und drehrund zu machen, sondern sie gilt nur für die Auswahl von Modellen. Bei diesen hat die Natur schon selbst dafür gesorgt, dass die Grenzen eingehalten sind, welche der Künstler zu respectieren hat.

Es wird bisweilen gelehrt, der Umfang des Halses solle dem grössten Umfange der Wade gleichkommen, aber dies ist unrichtig. Er bleibt, wenn der Hals rein, d. h. geschwulstfrei*) ist, an Gestalten mit kräftig entwickelter Muskulatur mehr oder weniger hinter dem Wadenumfange zurück. An der schlafenden Ariadne des vaticanischen Museums ist, nach dem Augenmasse zu urtheilen, der Hals wenig dicker als der Oberarm. Das, was der Künstler hier geschaffen hat, weicht freilich ab von dem,

*) Schwellungen der Schilddrüse und Ausdehnung der tiefliegenden Venen des Halses sind in manchen Gegenden überaus häufig und können dem Laien leicht verborgen bleiben.

was wir an jugendlichen Individuen von ähnlich gestrecktem Gliederbau wie die Ariadne zu sehen gewohnt sind, zu den unmöglichen Dingen gehört aber ein solches Verhältnis noch nicht.

An einem lebenden Modelle, das sich im übrigen noch zur Darstellung einer Idealfigur eignet, ist ähnliches im allgemeinen als ein Vorzug zu betrachten, denn in solchem Falle ist der Hals sicher für den übrigen Körper nicht zu dünn und der Oberarm nicht zu dick, wenn, wie gesagt, der übrige Körper sich noch für eine Idealfigur eignet.

Vorne grenzt sich der Hals nach unten zu beiden Seiten ab durch die Linie der Schlüsselbeine (*Claviculae*), oder richtiger gesagt, durch die Linie über den Schlüsselbeinen, die aber als solche nicht sichtbar sein sollen. Hinten dacht er sich beiderseits ab in die Contouren, welche vom Nacken zu den Schultern führen. Abgesehen von den Modificationen, welche grössere oder geringere Mengen von Fett in denselben verursachen, werden sie in erster Linie durch die oberen Faserbündel des Mönchskappenmuskels (*Musculus cucullaris* oder *trapezius*) und durch deren Contractionszustand bestimmt, in zweiter Linie durch die darunter liegenden Muskeln und die Orte ihrer Ansätze an das Knochengerüst.

Berühmt durch die Schönheit dieser Contouren und durch die Schönheit des Nackeneinsatzes sind die Mädchen und Frauen aus dem Römischen, besonders die Ciociaren. Drehrunde, den antiken ähnliche Hälse habe ich mehrmals im Toscanischen gesehen.

Eine besondere Betrachtung verdient noch die Linie, in welcher für die Ansicht von vorne der Contour des Halses zur Schulter herabsteigt. Sie ist, wie gesagt, abgesehen vom Fette, in erster Reihe durch den Mönchskappenmuskel gebildet, der vom Hinterhaupte und von den Dornfortsätzen der sämmtlichen Hals- und Brustwirbel entspringt und sich am äusseren Drittheile des Schlüsselbeines und am Schulterblatte befestigt, und zwar an letzterem so, dass seine Anheftung über den inneren Rand des Akromion und längs der inneren (oberen) Lefze der Schulterblattgräte verfolgt werden kann. Bei seiner Contraction hebt er die Schulter und dreht, wenn keine Gegenwirkung vorhanden ist, das Schulterblatt so um eine von vorne nach hinten verlaufende Axe, dass dessen oberer Theil der Wirbelsäule mehr genähert, der untere Winkel mehr nach aussen gestellt wird. Es ist wesentlich der obere Theil des

Fig. 1.

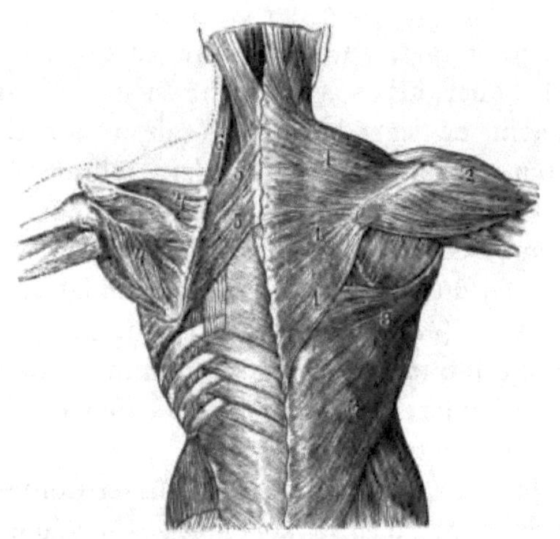

Muskels, welcher sich bei dieser Action verkürzt, während die untere Partie die Schulterblattgräte nur nach unten und innen festhält.

Fig. 1 zeigt die Muskulatur der Rückseite des Rumpfes. Die Fasern des Mönchskappenmuskels sind mit 1 1 1 bezeichnet. 2 2 sind die Fasern des Deltamuskels, welche sich denen des Mönchskappenmuskels gegenüber an den äusseren (unteren) Rand der Schulterblattgräte ansetzen. Gilt es den Arm zu bewegen, so können sie mit denen des Mönchskappenmuskels gemeinsam arbeiten. Ist aber der Arm festgestellt und nur das Schulterblatt beweglich, so sind sie, wie man leicht einsieht, ihre Antagonisten, d. h. wenn die Fasern des einen Muskels sich zusammenziehen, so müssen die am Schulterblatte ihnen gegenüber angehefteten des anderen ausgezerrt werden. 3 3 ist der grosse flache Rückenmuskel (*M. latissimus dorsi*), der gleichfalls den Arm bewegt. Auf der anderen Seite ist der Mönchskappenmuskel sammt dem grossen flachen Rückenmuskel weggenommen, so dass das Schulterblatt mit seinen armbewegenden Muskeln bloss liegt, ausserdem die vom Rande des Schulterblattes zur Wirbelsäule gehenden Muskeln (5 5 5), welche das Schulterblatt heben und zugleich mehr gegen die Mittellinie rücken können (*M. rhomboideus*, auch als *M. rhomboideus major* und *minor* beschrieben, weil er häufig in zwei ungleiche Hälften getheilt ist). Endlich zeigt sich bei 6 noch ein Muskel, der von der oberen inneren Ecke des Schulterblattes zu den Querfortsätzen der vier obersten Halswirbel hinaufläuft und der bei seiner Zusammenziehung das Schulterblatt in mehr senkrechter Richtung hebt, der Heber des Schulterblattes (*Levator scapulae*).

Es ist hienach klar, dass unser Contour in hohem Grade von der Action abhängig sein muss. Wenn man den Arm nach aussen und oben erhebt, so erhebt man auch die Schulter und die von der Seite des Halses herabsteigenden Fasern des Mönchskappenmuskels müssen sich contrahieren, d. h. sie werden sämmtlich kürzer und dicker und die Fleischmasse des Muskels bildet infolge davon unter der Haut eine Convexität. Wenn man dagegen den Arm so bewegt, als wolle man mit der Hand die Kniekehle der anderen Seite von rückwärts erreichen, so werden dieselben Fasern ausgezerrt, d. h. sie werden länger und deshalb dünner, und die Convexität verschwindet.

Aber abgesehen von diesen Veränderungen durch Action bestehen in der Führung dieser Linie sehr auffallende individuelle Verschiedenheiten.

Wenn man verschiedene Gestalten mit senkrecht nach abwärts gerichteten Oberarmen, bei denen der Mönchskappenmuskel in keiner Weise in Action gesetzt ist, von vorne betrachtet, so wird man bemerken, dass bei den einen zwischen Schulterhöhe und Hals eine deutliche Convexität liegt, wie sie z. B. bei der medicäischen Venus und bei Holbein's Lais Corinthiaca (siehe Fig. 2) auf-

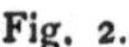
Fig. 2.

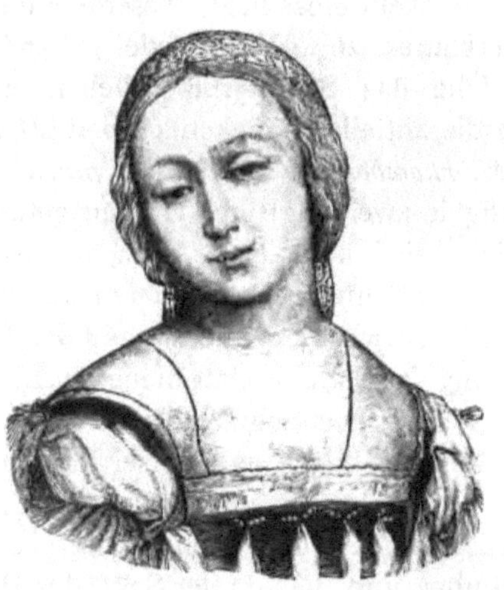

fällig hervortritt, während diese Convexität bei den anderen fehlt und der Contour des Halses in leichtem Schwunge in den der Schulter übergeht, so dass er, wenn er auf der Höhe der letzteren anlangt, seine Richtung um nahezu 90 Grad geändert hat, ohne in seinem Verlaufe, mit der Sprache der Geometer zu sprechen, irgend einen Wendepunkt aufzuweisen. Ein Beispiel dafür zeigt Fig. 3, welche den Fresken Orcagna's in Sta. Maria novella in Florenz entnommen ist. Beide Führungen der Linie können von guter Wirkung sein, aber die letztere gehört nur zarten jugendlichen Gestalten an, während die erstere reifere Formen und eine vollkommen entwickelte Muskulatur voraussetzt.

Wo Fett in einiger Menge vorhanden ist, da hat es stets einen wesentlichen Antheil an der Hervorwölbung. Vielleicht hängt ausserdem der beschriebene Unterschied

Fig. 3.

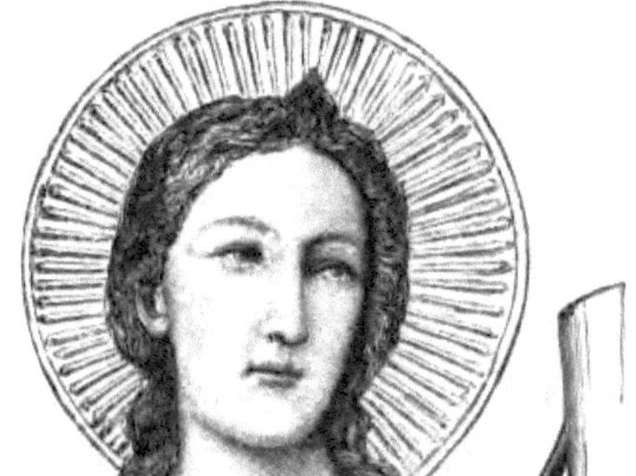

mit Verschiedenheiten im Tonus des Mönchskappenmuskels zusammen. Dieser Muskel, da er die Schulter für die jeweilige Action des Armes vorbereitet und bei derselben mithilft, ist selten ganz in Ruhe, d. h. wenn er auch äusserlich keine Bewegung zeigt, so bekommt er doch vom Central-Nervensystem dauernd Impulse, welche die Schulter für die jeweilige Stellung des Armes in der richtigen Lage erhalten. Diese Impulse sind je nach Constitution und Temperament des Individuums häufiger oder seltener, stärker oder schwächer. Endlich scheint mir bei Kurzhalsigen die Convexität häufiger zu sein, als bei Langhalsigen, was vielleicht damit zusammenhängt, dass die von der Schulterhöhe zu den oberen Halswirbeln verlaufenden Fasern des Mönchskappenmuskels einen kürzeren und weniger steilen Verlauf haben.

Manche erscheinen bei ausgesprochener Convexität langhalsig, ohne es thatsächlich zu sein, lediglich weil die Schulter ungewöhnlich tiefgestellt ist, was damit zusammenhängt, dass der Thorax in seiner oberen Partie nicht gehörig entwickelt ist, und deshalb das äussere Ende des Schlüsselbeines herabsinken lässt. Sinkt auch das innere herab, weil die erste Rippe zu steil nach abwärts gestellt ist, so wird der Hals thatsächlich verlängert, weil dann auch die Halsgrube tiefer hinabreicht. Der sogenannte »schlechte Zopf« weist zahlreiche Figuren dieser Art auf.

Dieselben haben etwas Eigenthümliches, sie sehen von vorne langhalsiger aus als von rückwärts. Von vorne gesehen sind sie langhalsig wegen der tiefstehenden Halsgrube, von rückwärts sind sie es weniger, da die Halswirbel und deren Zwischenscheiben keine auffallende Höhe haben und deshalb die Fasern des Mönchskappenmuskels und die darunter liegenden Gebilde oben in der Nähe des Halses in der gewöhnlichen Weise verlaufen und nur im weiteren Verlaufe nach aussen tiefer hinabsteigen, um die tiefstehende Schulter zu erreichen.

Ein in manchen Gegenden nicht seltener Fehler des Halses besteht darin, dass sein Umfang von oben nach unten zunimmt. Die Einsenkung, mit der sich der Hals gegen das obere Ende des Brustbeines absetzt, die sogenannte Halsgrube, die aber nur bei mageren Individuen eine Grube im eigentlichen Sinne des Wortes ist, zeigt sich hier verstrichen und der untere Theil des Halses erscheint von vorne gesehen flach und breit. Ein solcher Hals kann bei der grössten und untadelhaftesten Schönheit des übrigen Körpers vorkommen, aber der Künstler muss sich dennoch hüten, ihn auch nur andeutungsweise nachzuahmen, denn diese Hälse kommen namentlich da vor, wo Kröpfe und sogenannte Blähhälse häufig sind, und sind nichts Anderes, als die Anfänge dieser krankhaften Entstellungen.

Bei diesen und bei anderen Hälsen kommt es vor, dass der Profilcontour sich in scharf einspringendem Winkel gegen die zum Kinn verlaufende Unterkieferlinie absetzt. Dies ist entschieden ungünstig, und schon Bildhauer des Alterthums haben Stellungen aufgesucht, bei denen der Hals etwas im Nacken gebeugt, aber der Kopf erhoben war, um diesem Profilcontour eine bessere Führung zu verschaffen. Es hängt natürlich von der Natur des Modells ab, was man in dieser Beziehung am Lebenden zur Anschauung bringen kann. Es gibt indessen noch jetzt Modelle, die bei passender Stellung in Rücksicht auf diese Linie nichts zu wünschen übrig lassen.

Während dem Halse einer männlichen Figur, namentlich einer heroischen, das kräftige Hervortreten der beiden Kopfnicker (*M. M. sternocleidomastoidei*) zur Zierde gereichen kann, macht es den weiblichen hässlich. Manche durch die allgemein gute Entwicklung der Muskulatur wertvolle Gestalt leidet darunter. Es gibt aber auch Gestalten, mit sehr gut entwickelter Muskulatur, welche diesen Fehler nicht haben, weil die Umgebung der allerdings starken Kopfnicker gut ausgepolstert ist. Es gehört aber auch noch etwas Anderes dazu, nämlich günstige Lagerung der Ansätze des Kopfnickers. Günstig ist dieselbe, wenn der Schädel schmale Basis hat, so dass die beiden Kopfnicker nicht zu weit von einander entfernt liegen, und wenn das obere Ende des Brustbeines und die damit verbundenen inneren Enden der Schlüsselbeine nicht zu sehr vorspringen.

Uebrigens kann auch der Künstler viel thun, der die Stellung gibt. Die günstigste ist hier wieder die schon erwähnte, bei welcher der Hals im Nacken etwas nach vorne gebeugt und der Kopf mässig erhoben, das Gesicht nach vorne oder etwas nach der Seite gewendet ist. Der Kopfnicker soll weder contrahiert noch ausgezerrt, sondern erschlafft sein, so dass er sich den umgebenden Weichtheilen accommodiert und die Haut nicht hervortreibt.

Bei der Auswahl von weiblichen Modellen kann man die Regel gelten lassen, dass ein Hals umso besser sei, je mehr er in verschiedenen Ansichten mässig concave, leicht geschwungene Contouren darbietet. Ein gerader vorderer Abfall in der Profilansicht macht einen hässlichen Winkel mit dem Unterkiefer und eine Convexität des vorderen Contours rührt entweder von einem fehlerhaften Baue der Halswirbelsäule oder von einer Schwellung in der Schilddrüsengegend her. Eine Convexität des vorderen Contours in der Dreiviertelansicht beruht entweder auf männlicher Entwicklung der Kopfnicker (*M. M. sternocleidomastoidei*) oder auf Ausdehnungen der Venen des Halses. Convexitäten in den seitlichen Contouren der Ansicht von vorne können hievon, von Schilddrüsenschwellungen und auch von ungewöhnlicher Entwickelung der Kopfnicker herrühren.

Wir kommen jetzt zu der Frage, ob ein langer Hals, ein sogenannter Schwanenhals, schön sei oder nicht. Die Hälse der Antiken sind, abgesehen von einzelnen Tanagra-Figuren, nicht besonders lang; sie haben das Mass derjenigen, die wir täglich vor uns sehen. Die Vorliebe für lange schlanke Hälse zeigt sich erst im späteren Mittelalter und in der Frührenaissance und hängt hier offenbar zusammen mit der Vorliebe für schlanke Gestalten im allgemeinen. So gehört er in der Venus auf der Muschel von Sandro Botticelli zur ganzen Figur; sie könnte keinen anderen haben: ob man sich aber für die Figur selbst so begeistern will, wie dies in neuerer Zeit geschehen ist, muss dem Geschmacke des einzelnen überlassen bleiben. Da ich noch mehrmals auf sie zurückkommen werde, habe ich dieselbe hier wiedergegeben (siehe Fig. 4)*).

Fig. 4.

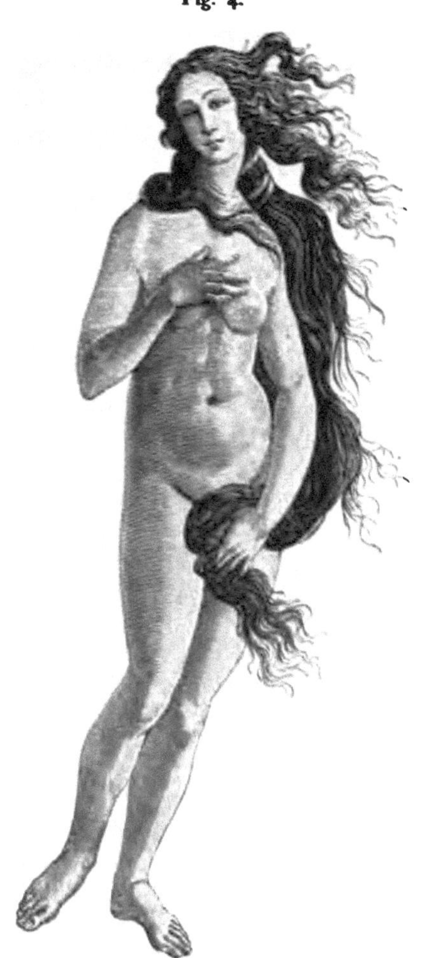

Auf weniger hoch und schlank gebauten Gestalten macht ein langer Hals einen schlechten Eindruck. Die

*) Wenn ich nicht zu den Verehrern dieser Figur gehöre, macht mich dies keineswegs unempfindlich für die Poesie und das Fein-

Länge des Halses steht in natürlichem Zusammenhange mit der Länge der Wirbelsäule, also des Rumpfes. Wenn nun der Hals im Verhältnis zur ganzen Körperlänge zu lang ist, und damit bei gegebener Gesammtlänge die über den Schamtheilen liegende Partie länger ist, als die von da abwärtsliegende Partie, so müssen folgerichtig die Beine zu kurz sein. In der deutschen Renaissance und auch, wenngleich weniger häufig, in der italienischen Spätrenaissance findet man Figuren, welche in dieser Weise fehlerhaft gestaltet sind.

Schliesslich muss ich wiederholen, dass der Hals um so länger erscheint, je tiefer die Schultern stehen. Der Stand der Schultern hängt aber wiederum ab von der Lage der Schlüsselbeine, und diese wieder von der Bildung des Brustkorbes, so dass bei einer normalen, Kraft und Gesundheit verrathenden Entwickelung des Brustkorbes ungewöhnlich tief stehende Schultern nicht leicht vorkommen.

Wir können also einen langen Hals, der, wenn er drehrund, gut wendbar in der Schraubenlinie und biegsam ist, allerdings einen sehr eleganten Eindruck machen kann, nur dann für eine Schönheit halten, wenn er durch die ganze Gestalt gerechtfertigt ist.

Der Stand der Schultern wechselt bei einem und demselben Individuum, indem bei der Einathmung der sich erweiternde Brustkorb den auf ihm ruhenden Schultergürtel hebt (vergl. Langer l. c. S. 189). Es ist nun bekannt, dass bei Schreck und Ueberraschung ein plötzliches Einathmen eintritt, dem nicht sofort ein Ausathmen folgt. In solcher Situation gehört es also mit zu den Hilfsmitteln der Charakteristik, die Schultern etwas höher zu stellen,

---

gefühl, welche die ganze Composition durchdringen, und für den thaufrischen Hauch, der über das ganze Bild verbreitet ist. Wenn wir aber auch noch so sehr eingenommen sind für den genialen Pfadfinder, aus dessen Schule Filippino Lippi hervorgieng, so darf uns dies doch nicht blind machen, wo wir die einzelne Gestalt als Gestalt und in Rücksicht auf ihre körperlichen Vorzüge mit den Antiken vergleichen.

als dies dem Zustande völliger Ruhe bei derselben Gestalt entsprechen würde.

An manchen Frauenhälsen sieht man ein oder zwei ringförmig verlaufende Linien. Es sind keine Falten, wohl aber Spuren von Falten, welche einst im Kindesalter vorhanden waren. Sie sind schon von den Bildhauern des Alterthums bemerkt und wiedergegeben worden. Sie kommen an mehreren antiken Venusgestalten vor. Wo sie sich am lebenden Modelle finden, sind sie sorgfältig nachzubilden; denn sie sind eine Zierde für das lebende weibliche Modell, insofern sie auf eine normale und kräftige Entwicklung von Jugend auf hindeuten und meistens nur bei frischer und auf ihren Unterlagen wohlbefestigter Haut vorkommen. Sie sind nicht zu verwechseln mit Falten, die sich bei Bewegungen des Halses leicht in einer schlaffen Haut bilden. C. Rochet sagt: »Die Falten am vorderen Theile des Halses sind niemals Zeichen von Alter und Hässlichkeit, im Gegentheil, sie finden sich in der Zahl von eins oder zwei nur bei jungen und schönen Personen, vorausgesetzt, dass sie fett sind. Nicht so ist es mit den Seitenfalten des Halses, die wahre Runzeln sind, denn sie kommen mit dem Alter.« (»Traité d'anatomie«, p. 210.) Dieser Ausspruch ist insofern nicht ganz richtig, als das Hauptgewicht auf den Ort der Falten gelegt ist. Das Wesentliche ist vielmehr die Natur der Linien, die einen sind Runzeln, die anderen Rillen, die zurückgebliebenen Spuren der Falten des fetten Kinderhalses. Sie können sich auch auf die Seitentheile des Halses fortsetzen, aber sie unterscheiden sich auf den ersten Blick dadurch, dass sie keine Falten sind. Die Haut ist überall gut befestigt und in jenen Linien nur flach eingesenkt.

Zwei sehr hässliche, ausgebogene, hängende Längsfalten, die vom Unterkiefer zu beiden Seiten des Kinnes herabsteigen, gehören dem höheren Alter an. Sie waren schon den Künstlern der Spätrenaissance als Charakteristicum wohl bekannt und sind vielfach bei der Darstellung von Furien, bei Pestgestalten u. s. w. verwendet worden.

Wenn man tastend mit den Fingern auf den Dornfortsätzen des Nackens entlang fährt, findet man in der eigentlichen Nackengegend da, wo der Hals in den Rücken übergeht, einen Dornfortsatz, der stärker hervorragt als die übrigen. Es ist dies der sogenannte hervorragende Wirbel (*Vertebra prominens*). Hier bildet sich manchmal bei Frauen, auch wenn sie sonst nicht ungewöhnlich fettleibig sind, eine mehr oder weniger ausgedehnte Anhäufung von fettreichem Bindegewebe. Sie ist an und für sich nicht entstellend, aber wenn es sich nicht um die Darstellung einer Matrone handelt, müssen Maler und Bildhauer sich hüten, sie anzudeuten; denn sie ist ein sicheres Zeichen des vorgerückten Lebensalters.

II.

Arm und Hand.

Abgesehen von übermässiger Länge der Arme sind unter den im Knochenbau begründeten Fehlern derselben die häufigsten: Ueberstreckung und schiefer Ansatz des Unterarmes an den Oberarm.

Das obere Ende des Ellbogenbeines, der *Ulna*, ragt bekanntlich über das Ellbogengelenk hinaus. Es bildet einen kurzen Hebelarm, an dem die Streckmuskeln des Armes sich ansetzen und so eben wegen der Kürze des Hebelarmes, an dem sie wirken, den Unterarm mit rascher, schnellender Bewegung strecken und die Faust zum Schlage oder Stosse nach vorwärts schleudern können. Wenn der Arm gebeugt ist, so bildet dieses Knochenende eine Hervorragung, welche dem ganzen Knochen seinen deutschen Namen gegeben hat, den Ellenbogen. Wenn der Arm gestreckt wird, so greift die dem Oberarmbeine zugewendete Seite dieses Knochenendes in eine am Oberarmbeine unmittelbar über dem Gelenke befindliche Grube ein, und hier wird durch das Aneinanderschlagen beider Knochen die weitere Streckung gehemmt.

Diese Hemmung kann nur eintreten, wenn Unterarm und Oberarm mit einander eine gerade Linie bilden, oder erst, wenn die Streckung so weit vorgeschritten ist, dass der Unterarm mit dem Oberarm einen nach rückwärts, das heisst nach der Streckseite, offenen Winkel macht. Letzteres ist es, was ich Ueberstreckung nenne. Es kümmert mich wenig, wenn man behauptet, dass ein gewisser Grad von Ueberstreckung normal sei. Allerdings wird man, wenn man an einer grösseren Anzahl von Menschen den Winkel misst, den Oberarmbein und Unterarmbein bei völliger Streckung an der Streckseite mit einander machen, nicht 180 Grad als Mittelwert finden, sondern einen geringeren, schon deshalb, weil die keineswegs seltenen Fälle von beträchtlicher Ueberstreckung das Mittel beeinflussen. Aber solche Mittel sind schon für den Anatomen von zweifelhaftem Wert, den Künstler gehen sie nichts an. Er hat zu fragen, was unter dem überhaupt Vorkommenden das Schönste sei, und die Ueberstreckung ist entschieden unschön. Ich erinnere mich an die stattliche Gestalt eines ausgezeichneten Tragöden; sie unterstützte ihn sehr in der mustergiltigen Plastik seiner Bewegungen; aber jedesmal, wenn er im Affecte den Arm ausstreckte, wurde die Gestalt durch die Ueberstreckung des Armes entstellt.

Namentlich unangenehm fällt die Ueberstreckung an kräftigen Männern auf. Erträglicher ist noch ein geringer Grad derselben an Kindern und jungen, zarten Mädchen, wo sie zwar auch die Linien nicht verbessert, aber gelegentlich aufgesucht wird, um die Biegsamkeit des jugendlichen Körpers charakterisieren zu helfen.

Der zweite sehr häufige Fehler ist schiefer Ansatz des Vorderarmes. Wir müssen zunächst unterscheiden zwischen zweierlei verschiedenen Zuständen des gestreckten Armes, zwischen dem, bei welchem der Daumen der Hand nach auswärts gewendet ist, der sogenannten Supination, und dem, wo der Daumen der Hand nach einwärts gewendet ist, der sogenannten Pronation. Der anatomische Unterschied zwischen beiden liegt darin, dass in der Supination die beiden Knochen des Vorderarmes, das Ellenbogenbein und die Speiche, parallel nebeneinander liegen, während in der Pronation die Speiche das Ellenbogenbein in schräger Richtung überkreuzt. Wenn man den Arm im Ellenbogen beugt und letzteren fest an den Körper anlegt, so wird man bemerken, dass man einmal den Handrücken ganz nach abwärts, das anderemal noch ganz nach aufwärts wenden kann. Der Spielraum zwischen Supination und Pronation beträgt also nahezu 180 Grad. Die Hand des ausgestreckten Armes kann man zwar um etwa 270 Grad wenden, aber die weiteren 90 Grad kommen nicht mehr auf Rechnung der Pro- und Supination, sondern auf Rechnung einer Drehung des Oberarmes im Schultergelenk.

Dies vorausgeschickt, betrachten wir den gestreckten Arm zuerst in der Supinationslage. Denken wir uns hier eine gerade Linie in der Axe des Oberarmes gezogen und über denselben hinaus verlängert, so folgt diese nicht der Mittellinie des Unterarmes, sondern macht mit letzterer einen Winkel, indem sie von ihr gegen die Kleinfingerseite hin abweicht. In diesem Sinne ist jeder Unterarm an den Oberarm schief angesetzt, er macht einen Winkel mit demselben.

Anders gestaltet sich die Sache, wenn wir den Arm in der Pronation betrachten. Um aus der Supination in die Pronation überzugehen, rollen wir das untere verbreiterte Ende der Speiche, des *Radius*, um das untere Ende des Ellenbogenbeines, der *Ulna*, und die Hand wälzt sich dabei um ihre Kleinfingerseite so, dass der Daumen, der vorher nach aussen lag, nach innen zu liegen kommt, der Mittellinie des Körpers zugewendet wird. Hiedurch werden Vorderarm und Hand viel mehr in die Richtungslinie des Oberarmes gebracht, als sie es in der Supination waren, denn das Ellenbogenbein macht zwar noch immer denselben Winkel mit jener Richtungslinie, aber die ganze Masse, die früher nach aussen vom Ellenbogenbeine lag, ist jetzt, soweit sie Bestandtheil der Hand und des unteren Theiles des Vorderarmes ist, nach innen herübergelagert. Der Winkel nun, unter welchem das Ellenbogenbein an das Oberarmbein angesetzt ist, ist bei verschiedenen Individuen verschieden gross und sehr häufig zu klein; kleiner als es sich mit der

Schönheit der Linien verträgt, und das ist es, was ich schief angesetzten Vorderarm nenne.

Schon die blosse Ansicht eines solchen Armes zeigt, wenn er gestreckt ist, bei supinierter Hand sowohl von vorne als von rückwärts diese Deformität, noch mehr aber tritt dieselbe hervor, wenn man den am meisten nach vorne vorragenden Theil des Oberarmbeinkopfes*) aufsucht, hier eine Schnur andrückt und diese gespannt zur Hand herunterleitet, so dass sie hier zwischen den zwei mittleren Beugersehnen zu liegen kommt, welche nahe der Hand am Vorderarme deutlich hervortreten, sobald man die Hand gegen den Vorderarm durch Muskelaction beugt und dieser Beugung einen äusseren Widerstand entgegensetzt. Es sind dies die Sehnen des *M. palmaris longus* und des *M. flexor carpi radialis*, auch innerer *radialis* genannt. Die gespannte Schnur muss dann folgenden Verlauf zeigen:

Auf der Beugeseite des mit supinierter Hand gestreckten Armes befindet sich in der Ellenbogengegend eine flache Grube. Sie wird dadurch gebildet, dass sich hier die Sehne des grossen Armbeugers (*M. biceps brachii*) zwischen den zu beiden Seiten liegenden Muskelmassen in die Tiefe senkt, um sich an die Speiche anzuheften. Mitten über diese Grube oder doch unmittelbar nach aussen von der Tiefe derselben muss die Schnur hinlaufen; je weiter sie sich von ihr nach aussen entfernt, umsomehr ist der Vorderarm schief angesetzt. Ich will keineswegs behaupten, dass dieser gerade angesetzte Vorderarm überall der häufigste und deshalb im anthropologischen Sinne der normale sei; aber er ist derjenige, welcher in die verschiedensten Lagen gebracht werden kann, ohne schlechte Linien zu geben, und den ich deshalb als den besten für künstlerische Zwecke betrachten muss.

---

*) Es ist dies die sogenannte kleinere Anschwellung (*Tuberculum minus*) des Oberarmbeinkopfes, welche unmittelbar nach innen und vorne von der Furche liegt, in der die Sehne des langen Kopfes des grossen zweiköpfigen Armbeugers (*M. biceps brachii*) zum Schultergelenke läuft.

Der schief angesetzte Vorderarm scheint bei Weibern häufiger zu sein als bei Männern, in ähnlicher Weise, wie auch nach innen gestellte Knie, sogenannte X-Beine, bei Weibern häufiger sind, wenigstens fällt er häufiger an ihnen auf. Die modische Tracht bestimmt sie, die Oberarme mehr nach aussen gerollt zu tragen, als die Männer. Infolge davon ist der äussere Knorren des unteren Endes des Oberarmbeines, der bei Männern bei gewöhnlicher Ruhelage mehr nach vorne sieht, mehr nach aussen gewendet, der innere mehr nach innen. Eine Ebene also, welche ich mir gleichzeitig durch die Axe des Oberarmbeines und durch die Drehungsaxe des Ellenbogengelenkes gelegt denke, wendet ihre eine Flächenansicht nach vorne, die andere nach hinten, und diese Ebene ist es nun, in welche die Abweichung des schief angesetzten Vorderarmes fällt. Wenn man deshalb modisch gekleidete und fest geschnürte Frauenzimmer mit schief angesetzten Vorderarmen von vorne oder von rückwärts ansieht, so bemerkt man, trotzdem dass die herabhängenden Hände in der Regel proniert sind, ihren Fehler an dem schrägen Abstehen der Unterarme bei gerade herabhängenden Oberarmen.

C. Langer bemerkt bereits (l. c. p. 269), dass das Ellenbogenbein, wenn es gegen das Oberarmbein gebeugt wird, nicht direct auf dasselbe zugeht, sondern nach innen abweicht. Es ist diese Abweichung umso bedeutender, je schiefer der Unterarm angesetzt ist, denn umsoweniger steht die Drehungsaxe senkrecht auf der Längsaxe des Oberarmbeines. Wie die sogenannten X-Beine ihre Ursache in einer Deformität des unteren Endes des Oberschenkels finden, so rührt auch der schief angesetzte Vorderarm von einer Deformität des unteren Endes des Oberarmbeines her, nicht von einer Deformität des Ellenbogenbeines.

Jedermann kann die Spitzen seiner Finger auf die Achsel derselben Seite legen, aber nicht bei jedem sind dabei Arm und Hand in derselben Lage. Je schiefer der Vorderarm an den Oberarm angesetzt ist, umsomehr muss die Hand nach aussen gewendet, beziehungsweise der Oberarm in der Schulter nach aussen gerollt sein. Es ist dies leicht erklärlich aus der Verschiedenheit der Lage, welche der stark gebeugte Unterarm gegen den Oberarm annimmt, je nachdem er gerade oder schief angesetzt ist.

Indessen gehört immer schon eine genauere Kenntnis der Formen des Armes dazu, um auch bei starker Beugung

Fig. 5.

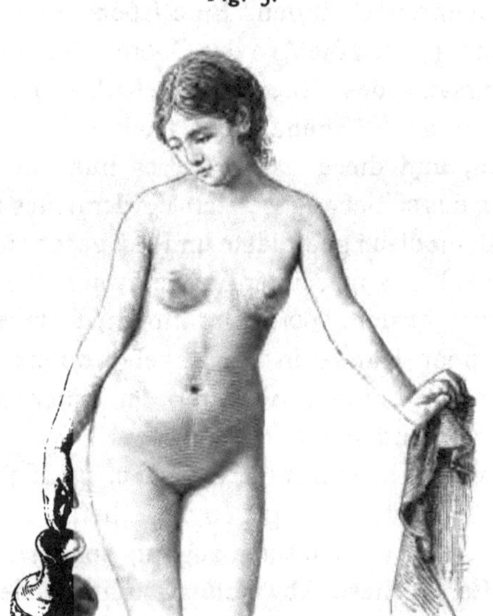

desselben, in Lagen wie sie z. B. die schlafende Ariadne oder die sogenannte Diana von Gabii zeigen, sogleich zu erkennen, ob der Unterarm gerade angesetzt sei oder nicht. Wo deshalb genau nach dem Modelle gearbeitet werden soll und dieses fehlerhaft ist, muss sich der Künstler durch zweckmässige Stellung, theils durch Beugung, theils durch Pronation, helfen und den Fehler zu verhehlen suchen. Da der schief angesetzte Vorderarm, wenn er ganz gestreckt ist, nach aussen, wenn er ganz gebeugt ist, nach innen von der Axe des Oberarmes abweicht, so gibt es immer eine Mittellage, welche für die Gestalt des Armes am günstigsten ist. Dass sich ein schief angesetzter Unterarm auch noch bei mässiger Beugung und in der Pronation kenntlich macht, zeigt Fig. 5, welche nach einer Photographie entworfen ist.

Fig. 6.

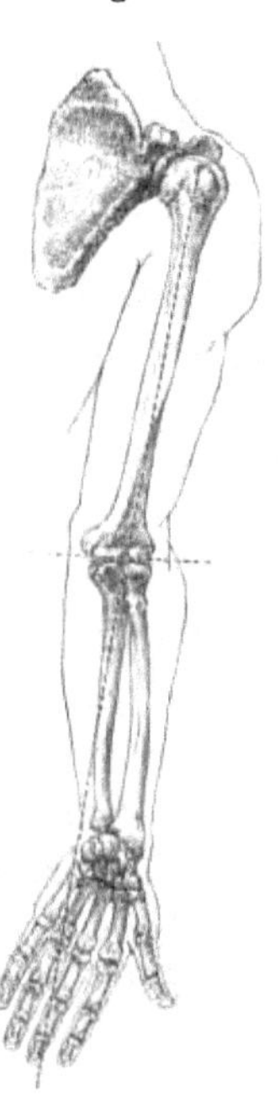

Andererseits lässt sich, wie gesagt, der Fehler durch geschickte Anordnung verhehlen. Eine bei den Bildhauern beliebte Stellung ist die der Haarflechterin. Hier kann man getreu nach einem Modell arbeiten, wenn auch dessen Vorderarme nicht tadellos angesetzt sind, wenn nur der innere Oberarmbeinknorren nicht eckig hervorragt; aber Eines hat man zu beachten: man mache die Hand, welche der Seite angehört, auf der die Flechte herabhängt, zur unteren, die der anderen Seite zur oberen. Man kann dadurch für beide Arme einen Grad der Beugung erzielen, bei welchem der Fehler verschwindet.

So lassen sich selbst noch Arme verwenden, welche gestreckt und supiniert völlig unbrauchbar sein würden. Geringe Fehler dieser Art verschwinden auch in der Streckung schon durch die Pronation. Man kann als Regel aufstellen, dass dies dann geschehen sei, wenn die Axe des pronierten gestreckten Armes gerade erscheint.

Wie die Pronation bei mässig schief angesetztem Vorderarm günstig wirken muss, das kann man sich aus Fig. 6 veranschaulichen. Sie ist eine verkleinerte Copie nach einer Zeichnung von G. L. Rochet (s. C. Rochet, »Traité d'anatomie«, Fig. 28) und ich habe die verlängerte Axe des Oberarmes hineinpunktiert.

Man sieht, die ganze Handwurzel liegt nach aussen von dieser punktierten Linie. Bei der Pronation nun wälzt sich das untere Ende der Speiche (des *Radius*) über das Ellenbogenbein (*Ulna*) hinüber, so dass das untere Ende der ersteren nach innen von dem unteren Ende der letzteren zu liegen kommt, und dann geht die verlängerte Axe des Oberarmes durch die Handwurzel.

Ich habe auch die Drehungsaxe des Ellenbogengelenkes hineingezeichnet. Man kann sich daran anschaulich machen, weshalb bei stark gebeugtem Arm das Handgelenk umsomehr nach innen von der Schulter zu liegen kommt, je schiefer der Vorderarm angesetzt ist. Es würde bei der Beugung direct auf die Schulter losgehen, wenn die Drehungsaxe senkrecht stünde auf der Axe des Oberarmbeines oder, was dasselbe ist, wenn die Oberflächen, welche die Wege der einzelnen Punkte des Vorderarmes bei der Beugungsbewegung enthalten, der Axe des Oberarmbeines parallel wären. Das ist aber nicht der Fall. Die Drehungsaxe macht nach oben und aussen einen spitzen Winkel mit der Axe des Oberarmbeines und deshalb muss das Handgelenk, welches an dem in der Supination gestreckten

Arme nach aussen abwich, wenn um mehr als 90 Grad gebeugt wird, nach innen abweichen.

Ich habe im vorhergehenden die Axe des Oberarmes von der des Oberarmbeines unterschieden. Unter ersterer verstehe ich nicht die Axe des Knochens, auch nicht die Axe, um welche sich der herabhängende Oberarm im Schultergelenk dreht, denn diese müsste durch einen Punkt gehen, dessen Horizontalentfernung von der Gelenkfläche sich während der Drehung nicht ändert. Es ist vielmehr nur eine gerade Linie gemeint, welche im allgemeinen durch die Mitte der verschiedenen Querschnitte gezogen ist. Diese ist es, welche für das Auge in Betracht kommt, denn sie würde die wahre geometrische Axe des Oberarmes sein, wenn er die Gestalt eines Cylinders hätte. Sie muss in der Pronation in ihrer Verlängerung noch durch die Mitte der Handwurzel gehen, um den pronierten und gestreckten Arm noch als gerade erscheinen zu lassen.

Eine besonders ungünstige Combination ist die des schief angesetzten Vorderarmes mit der Ueberstreckung. Wird ein solcher Arm in der Supinationslage gestreckt, so ragt der nach innen gewendete Höcker des unteren Endes des Oberarmbeines in Form einer Ecke nach innen und vorne hervor und macht eine überaus hässliche Linie.

Ich habe oben gezeigt, wie die Linien des gestreckten, mässig schief angesetzten Vorderarmes durch die Pronation verbessert werden. Wenn sich indessen der Winkel, der durch den schiefen Ansatz entsteht, weiter von 180 Grad entfernt, so bleiben auch in der Pronation die Linien schlecht. Die eckige Hervorragung, welche der innere Knorren des Oberarmbeines (Beugeknorren genannt wegen der Beugemuskeln, die von ihm entspringen) hervorbringt, wird dann durch die Pronation nicht mehr maskiert. Sie wird noch hervorgehoben durch die Einsenkung, welche drei Querfinger nach abwärts von ihr entsteht. Letztere rührt her von der Anspannung, in welcher die Sehnenbinde des Vorderarmes durch ihre Verbindung mit der Ansatzsehne des grossen zweiköpfigen Armbeugers (*M. biceps brachii*) erhalten wird. Ihr gegenüber auf der Speichenseite des Armes zeigt sich eine Ausbuchtung. Da der Arm bei der Pronation in der Regel auch im Schultergelenk gedreht wird, so wendet der Winkel zwischen Oberarmbein und Ellenbogenbein, der beim gestreckten supinierten Arm nach aussen offen war, seine offene Seite nach vorne, wodurch das untere Ende des Ellenbogenbeines gegen das obere vorspringt. Ueber die so schief gestellte *Ulna* ist nun der *Radius* (die Speiche) hingewälzt, und zwar in voller Pronation so, dass sein vorderes Ende weiter nach rückwärts, bei gehobenem Arm tiefer, als das der *Ulna* steht. Dies alles zusammen gibt unruhige, unharmonische Linien, welche künstlerisch schlecht wirken sowohl bei Männern als bei Weibern.

Die Form des männlichen Oberarmes hängt in so hohem Grade von der Entwickelung der Muskeln und der dargestellten Action ab, dass hier nichts Näheres über denselben gesagt werden kann. Der weibliche Oberarm gilt den meisten für um so schöner, je mehr er bei mässig gebeugtem Unterarm drehrund ist, und auch die Oberarme der Antiken nähern sich der drehrunden Form an. In der Renaissance indessen finden wir oft den in der Natur so häufigen seitlich abgeflachten Oberarm dargestellt und den Gegensatz in der stärkeren Entwickelung des Oberarmes in die Tiefe, das heisst von vorne nach rückwärts, und der des Unterarmes in die Breite zum deutlicheren Ausdruck gebracht. Die Meister der Renaissance waren eben viel stärkere Naturalisten als man nach hergebrachten Lehren anzunehmen gewohnt ist.

Der drehrunde Oberarm ist wesentlich bedingt durch ein kurzes, bei der Beugung des Armes wenig vorspringendes Olekranon, durch eine kurze, sich an der Speiche möglichst hoch oben ansetzende Sehne des zweiköpfigen Armbeugers (*M. biceps brachii*) und durch eine im Verhältnisse zu der Entwickelung der Muskulatur reichliche Fettschichte, welche die Haut spannt. Knaben haben in der Regel mehr abgeflachte Oberarme als Mädchen. Während spätere Meister ihren Engeln auch bei sonst mehr vorherrschendem männlichen Typus Weiberarme malten, malte Andrea del Sarto den seinigen mit Vorliebe Knabenarme.

Sehr ausgesprochene, schöne Mädchenarme malte Palma der Jüngere seinen Engeln, es herrscht aber auch im übrigen der weibliche Charakter bei ihnen vor.

Es kommt für die Rundung des Armes noch Eines in Betracht, der Muskeltonus. Der erschlaffte lebende Muskel ist so weich, dass er in allen seinen Theilen den Gesetzen der Schwere folgt. Er ist viel weicher als die Muskeln der Leiche jemals wieder werden, nachdem sie einmal erstarrt sind, wenn auch die Starre bereits vollständig vorüber, anscheinend die volle Biegsamkeit der Glieder wieder eingetreten ist.

Nichtsdestoweniger lassen sich an verschiedenen Menschen durch das Getast Unterschiede in der Resistenz der erschlafften Muskeln wahrnehmen. Man führt dies zurück auf den sogenannten Muskeltonus. Ich will hier nicht auf die verschiedenen Ansichten eingehen, die über die Ursachen desselben geäussert sind. Es genügt der Existenz der Erscheinung und der obigen Unterschiede zu erwähnen. Ich will nur noch hinzufügen, dass die letzteren nichts zu thun haben mit der Körperkraft. Auch Menschen, bei denen die erschlafften Muskeln äusserst weich sind, einen äusserst geringen Widerstand bieten, können grosse Körperkraft besitzen. Je weicher nun die erschlafften Muskeln sind, umsoweniger werden sie ihre eigene Gestalt festzuhalten suchen und sich der drehrunden Form anpassen, welche die über ihnen ausgespannten Haut- und Fettbedeckungen dem Oberarm zu geben suchen.

Mit dieser Weichheit der erschlafften Muskeln hängt noch eine andere Erscheinung zusammen, welche hier erwähnt werden muss.

Wenn man den Vorderarm in der Pronation etwa unter einem rechten Winkel beugt und ihn dabei so unterstützt, dass der Oberarm eine horizontale Brücke bildet zwischen dem Schultergelenke und dem unterstützenden Gegenstande, so ist der zweiköpfige Armmuskel erschlafft und vermöge seiner Schwere senkt sich sein mittlerer, wenig an seine Umgebungen befestigter Theil, so dass sich der ganze Muskel bogenförmig krümmt, nach unten convex und nach oben concav. Dadurch erhält die untere vordere Seite des Oberarmes eine Begrenzung, deren Verlauf auf den ersten Anblick befremdet, weil man die Linie nicht in dieser Gestalt zu sehen gewohnt ist. Diese Linie, die leicht an jedem Modell zur Anschauung gebracht werden kann, darf nicht unbeachtet bleiben. Figuren mit in der Pronation gebeugtem und aufgelehntem Vorderarm sind nicht selten und in solchen muss die erwähnte Erscheinung dargestellt werden, um die Ruhe, welche sie in der Regel zeigen sollen, zum vollen und ungeschwächten Ausdrucke zu bringen.

Obgleich die Antiken dem drehrunden weiblichen Oberarm das Wort reden und derselbe auch in der Wirklichkeit sehr geschätzt wird, so lässt sich doch nicht leugnen, dass er unter Umständen in Rücksicht auf die durch ihn erzeugten Linien weniger vortheilhaft sein kann als ein anderer, der sich der drehrunden Gestalt weniger eng anschliesst.

Es gibt sehr schöne und für die künstlerische Darstellung sehr verwendbare Frauenarme, bei denen vermöge einer kräftiger entwickelten Muskulatur der dreieckige Schultermuskel (*M. deltoideus*) stärker hervortritt und ausserdem die Muskelbäuche der Strecker und der Beuger je nach der Stellung und Action des Armes sich mehr oder weniger bemerklich machen. Ein solcher Arm erscheint nicht männlich, wenn nur die Knochen dem weiblichen Körperbau entsprechen und die Einschnitte zwischen den Muskelmassen nicht scharf hervortreten. Hiefür ist vorgesorgt, wenn ein mässiges Fettpolster die Tiefen in der Weise ausfüllt, dass sie durch allmähliche Abdachungen mit den Höhen verbunden sind. Solche Arme eignen sich namentlich für Karyatidengestalten, aber sie sind auch anderen weiblichen Figuren, und zwar von den grössten Meistern gegeben worden. So zeigt sie die eben erschaffene Eva Michel Angelo's an der Decke der sixtinischen Kapelle und der Friede Rafael's im Vatican. Einen schwächeren, aber in der erwähnten Beziehung lehrreichen und mit wenig äusseren Mitteln modellierten Arm zeigt eine Tuba und Fahne haltende Figur von Perin del Vaga neben der Hauptthüre des langen Saales im Palazzo Doria in Genua.

Dieser in seiner Muskulatur verständliche Oberarm hat für den Bildhauer noch den Vortheil, dass der Contour je nach der Ansicht eine grössere Mannigfaltigkeit bietet. Die Darstellung ist schwierig und verlangt, wenn sie gelingen soll, ein gutes Modell und ein sorgfältiges Eingehen in das Detail. Indessen hat Agostino Felici in Venedig noch in neuester Zeit mit seiner Veneziana (Localausstellung im Palazzo Pisani im Herbst 1881) wieder ein glänzendes Beispiel der Vorzüge dieses Armes gegeben. Die Aufgabe war hier um so schwieriger, als der Arm fett war. Nichtsdestoweniger erkennt man ganz deutlich die Gestaltung der Theile unter der Oberfläche.

Es ist hier der Ort, auf ein im Publicum viel verbreitetes Vorurtheil aufmerksam zu machen. Manche Mütter fürchten für ihre Töchter jede Art von Uebungen mit den Armen, weil der Arm dadurch in männliche Formen entwickelt werden könnte. Merkwürdigerweise befällt sie diese Furcht nicht, wenn sie ihre Töchter stundenlang Clavierspielen lassen, wobei gewisse Muskeln des Vorderarmes in höchst einseitiger Weise angestrengt werden. Aber die Furcht, so wie sie besteht, ist überhaupt eine unbegründete. Körperliche Uebungen wirken nur unter zwei Bedingungen nachtheilig auf die Körperformen: wenn sie in zu zartem Alter vorgenommen werden, oder wenn sie so übertrieben werden, dass Abmagerung eintritt. Dass sonst selbst gewaltsame Uebungen ohne Nachtheil ertragen werden können, davon sollte man doch überzeugt sein, seit die unter dem Namen Leona Dare*) bekannte Trapezturnerin die Schönheit ihrer Arme in allen grossen Städten der Welt zur Schau gestellt hat.

Volle Oberarme sind bei jugendlichen Individuen der höheren und mittleren Stände ebenso selten, wie sie bei Frauen, welche sich in der sogenannten zweiten Blüthe befinden, häufig sind. Früher war dies noch auffallender als jetzt, wo die Oberarme mancher junger Mädchen infolge von Leibesübungen besser entwickelt sind.

Die Dünnheit der Oberarme ist übrigens keineswegs allein der mangelhaften Entwickelung der Muskeln zuzuschreiben, sondern auch dem Mangel an Fett. Bei sonst gesunden Individuen pflegt bei behaglicher Lebensweise die Fettablagerung im allgemeinen in den mittleren Lebensjahren, etwa vom 25., häufig schon vom 20. Jahre an zuzunehmen. Ueberdies findet aber diese Zunahme vorzugsweise in bestimmten Regionen statt, während sich in anderen Regionen nicht selten eine Abnahme zeigt. Man könnte sagen, das Fett wandere in den verschiedenen Lebensaltern auf dem Körper des Menschen. Hiemit hängt auch, und zwar in sehr auffälliger Weise, die Häufigkeit der bis zum Hässlichen dünnen Oberarme bei jungen Mädchen zusammen. Die Thatsache selbst ist eine so bekannte, dass es keinen verständigen Bildhauer geben wird, der an einer Hebe einen im Verhältnisse zum Unterarm dicken Oberarm modelliert.

Es gibt noch einen Schönheitsfehler, der bei beiden Geschlechtern vorkommt und dem man gelegentlich auch an Bildwerken begegnet. Man hat bisweilen den Eindruck, dass der Oberarm nicht richtig zur Schulter hinaufsteige, dass er nicht auf das Gelenk treffe, sondern auf einen tieferen

*) Ich meine diejenige Leona Dare, welche in den Siebziger-Jahren Mitglied der Kunstreitergesellschaft von Renz war.

Punkt, einen Punkt, der der Achselhöhle näher liegt. Mir ist dies zuerst an einem St. Sebastian aufgefallen. Ich glaubte anfangs es mit einem Zeichenfehler zu thun zu haben, bin aber später zu der Ueberzeugung gekommen, dass vielmehr das Modell daran Schuld gewesen sei.

Man sehe ein Oberarmbein gerade von rückwärts oder gerade von vorwärts an und denke sich durch das untere Drittheil eine Mittellinie, eine Axe gelegt. Dann denke man sich durch die obere Hälfte des Knochens eine ähnliche Mittellinie, eine ähnliche Axe gelegt, und man wird finden, dass die Richtung beider nicht genau zusammenfällt, sie machen verlängert einen immerhin sehr stumpfen Winkel mit einander. Die Veränderung in der Richtung des Knochens erfolgt in der unteren Hälfte des mittleren Drittheiles desselben. Dieselbe bleibt noch sichtbar, wenn man den Knochen so dreht, dass die eigentliche Rückseite, d. h. diejenige, welche am nach aussen gerollten Arme nach rückwärts sieht, mehr nach aussen gewendet wird, etwa so, wie es bei dem in die Seite gestemmten Arme geschieht, nur ändert sie dabei mehr oder weniger ihren Ort. Mit dieser Abweichung der Oberarmbeinröhre, die bei verschiedenen Individuen stärker oder schwächer sein kann, hängt der obenerwähnte Schönheitsfehler zusammen. Er wird zunächst auffällig gemacht durch Magerkeit, d. h. durch Fettarmuth bei sonst gut entwickelter Muskulatur. Letztere macht sogar die Täuschung, dass der Arm nicht ins Gelenk treffe, bei fehlerhafter Gestalt des Knochens recht auffällig wegen der Depression, die zwischen den Ansätzen des Deltamuskels und den Ursprüngen des grossen Armstreckers entsteht, und wegen der Gestalt, welche kräftige Entwickelung der Bäuche des letzteren der Oberfläche der Rückseite des Oberarmes bei gleicher Entwickelung der Muskeln an der Beugeseite gibt.

Nächst der Fettarmuth ist es die Länge des Olekranon (spitze Ellenbogen), welche die Täuschung verstärkt, wenn der Arm im rechten Winkel gebogen ist; weil dann der Ansatz der grossen Strecksehne weit nach hinten gerückt ist und ihre Ausbreitung eine Fläche erzeugt, die mit den Umrissen auf der Beugeseite keine Richtungslinie gibt, welche direct auf das Centrum des Kugelgelenkes, welches die Schulter bildet, hinwiese. Wo also eine Figur den Arm in die Seite gesetzt halten oder im rechtwinklig gebogenen Arme etwas heben oder halten soll, ist das Modell wohl zu prüfen, ob es sich auch für diese Action eigne oder durch ein anderes ersetzt werden müsse. Aber unser Schönheitsfehler hat nicht nur praktisches Interesse, auch ein gewisses theoretisches ist ihm dadurch eigen, dass wir hier den Grund kennen, weshalb wir die Linien schlecht finden: wir finden sie deshalb schlecht, weil sie uns nicht zu der natürlichen Vorstellung von dem correcten Zusammenhange der Glieder führen.

Die Gestalt des männlichen Unterarmes wird, ebenso wie die des Oberarmes, so sehr durch die Entwickelung und durch die Action der Muskeln bedingt, dass sich über den oberen Theil desselben nichts Specielles aussagen lässt. Der weibliche Unterarm wird für um so schöner gehalten, je mehr er sich, gegen den Oberarm gebeugt, in seinem oberen Theile der drehrunden Form annähert. Denkt man sich durch diesen gebeugten Vorderarm, senkrecht auf seine Axe einen Querschnitt gelegt, so ist die nächste allgemein bekannte geometrische Form, der sich dieser Querschnitt annähert, eine Ellipse, deren grosse Axe schräg von oben und aussen nach unten und innen gerichtet ist. In der Pronation weist letztere mehr nach abwärts, in der Supination weist sie mehr nach innen. Nun gilt ein Frauenarm für um so schöner, je geringer die Excentricität dieser Ellipse ist, d. h. je mehr sie sich dem Kreise nähert. Es versteht sich von selbst, dass deshalb der Künstler nicht etwa den gebeugten Vorderarm drehrund zu machen hat, sondern dass er nur an Modellen den in gebeugter Lage mehr drehrunden Arm dem mehr abgeplatteten vorziehen soll. Der gestreckte Unterarm ist immer mehr oder weniger flach, am flachsten in der Supination, weniger flach in der Pronation.

Dem unteren Theile des Vorderarmes wird bei Herkulesgestalten oft eine ungewöhnliche Breite gegeben. Eine solche wird in der Wirklichkeit wesentlich bedingt durch den Raum, welcher das untere verflachte und verbreiterte Ende der Speiche (*Radius*) mit dem neben ihr liegenden unteren Ende des Ellenbogenbeines (*Ulna*) einnimmt. Man stellt also wesentlich die Breite, die Massigkeit der Knochen dar. Dies mag bei Herkulesgestalten, die mehr oder weniger der Ausdruck der plumpen Kraft sind, am Orte sein; im übrigen aber muss man festhalten, dass die Kraft des Menschen nicht in den Knochen, sondern in den Muskeln liegt, und es würde in hohem Grade unpassend sein, die übermenschliche Kraft eines Achill in ähnlicher Weise charakterisieren zu wollen.

Beim weiblichen Unterarm soll der untere Theil nicht zu breit sein und der Tiefendurchmesser, der Durchmesser von der Hohlhandseite zur Handrückenseite des Unterarmes, soll nicht zu sehr gegen den Querdurchmesser zurücktreten. Unterarme, bei denen dies der Fall ist, kommen namentlich beim germanischen Stamme und bei Individuen von starkem Knochenbau vor. Deutsche Bildhauer werden durch heimische Modelle leicht verführt sie nachzubilden. Es gibt zwar in ihrem unteren Theile ziemlich breite Vorderarme, welchen eine eigenthümliche Schönheit nicht abzusprechen ist. Bei diesen ist aber nicht die Breite der Knochen das gestaltende, sondern eine an der Aussenseite der Speiche und an der Aussenseite der *Ulna* etwas stärker als gewöhnlich entwickelte Fettlage. Es kommt dieselbe nur an vollen, überhaupt mit einem hinreichenden Fettpolster überzogenen Armen vor. Solche Arme pflegen sich mit einer leichten Einsenkung gegen die Handwurzel abzusetzen, wodurch sie sich den Kinderarmen in ihrer Form einigermassen annähern.

Diese Arme sind zwar vorzugsweise von Meistern aus der Zeit des Verfalles dargestellt worden, aber schon bei Tizian und bei Correggio kommen sie vor. Wünschenswert ist eine gewisse Breite des unteren Theiles des Vorderarmes da, wo die Hand nicht schmal ist, oder durch die Action, z. B. durch das Umfassen eines Stabes, verbreitert wird; denn eine zu plötzliche und zu bedeutende Verbreiterung beim Uebergange vom Arm zur Hand macht eine schlechte Linie, die nach Möglichkeit vermieden werden soll.

Bisweilen läuft quer über die Volarseite des Vorderarmes eine seichte Furche. Ihr Abstand von der Ellenbeuge beträgt etwa die Breite des Ringfingers und des kleinen Fingers derselben Person zusammen genommen. Ihr Ansehen gleicht den Furchen am Halse, welche ich als Kinderrillen bezeichnet habe. Sie wird von den Künstlern wenig beachtet. Da, wo sie am Modell vorkommt, kann sie indessen unbedenklich wiedergegeben werden, natürlich ohne Uebertreibung. Sie hat mit Runzel- oder Faltenbildung so wenig zu thun, wie die Kinderrillen am Halse, und kann auf der frischesten und jugendlichsten Haut vorkommen.

Eine besondere Beachtung verdient noch die Volarseite des untersten Theiles des Vorderarmes. Auf ihr sieht man an nicht zu mageren jugendlichen Individuen, Männern sowohl als Frauen, wenn die Hand zurückgebogen wird, etwa so, als wenn man den Kopf in dieselbe stützen wollte, zwei seichte Furchen. Die eine liegt näher der Mitte, aber doch mehr gegen die Daumenseite zu. Sie folgt dem inneren Rande der Sehne des *M. carpi radialis.* Die andere liegt mehr seitlich gegen die Kleinfingerseite zu und folgt der Sehne des *M. flexor ulnaris.* Zwischen beiden liegt bei so nach rückwärts gebeugter Hand eine Erhebung, welche nach aufwärts zu continuirlich in die Rundung der Volarseite des Vorderarmes übergeht. Sie rührt daher, dass die nach rückwärts gebeugte Handwurzel mit ihrem schon dem Gelenke angehörigen Theile die an ihrer Volarseite liegenden Weichtheile hervordrängt. Wenn die Hand aufgerichtet und endlich gebeugt wird, so verändert sich dieses Bild, und bei passiver Beugung der Hand kann man sogar die mittlere Partie so weit einsinken sehen, dass sie nun eine flache Grube bildet.

Der Künstler kann die Bilder, welche er bei diesen successiven Veränderungen an wohlgebildeten, nicht zu mageren Armen sieht, ohneweiters copieren, nur vor Einem muss er sich hüten, vor der Darstellung angespannter Sehnen. Sie sind immer hässlich, und ihre Wiedergabe kann nur dadurch gerechtfertigt werden, dass die gewaltsame Anspannung der Muskeln recht deutlich zur Anschauung gebracht werden soll.

Ich muss noch einer besonderen Deformation erwähnen, welche der Vorderarm namentlich bei mageren und wenig muskulösen Individuen erleidet, wenn er gebeugt und zugleich belastet wird.

Am unteren Drittheile des Oberarmbeines entspringt von der äusseren Kante desselben ein kräftiger Muskel, welchen man den langen Auswärtsdreher (*supinator longus*) nennt. Er läuft am Vorderarm nach abwärts, geht etwa in der Mitte desselben in seine Sehne über und heftet sich mittelst dieser an das untere Ende der Speiche längs der Basis des sogenannten Griffelfortsatzes, also an der Daumenseite der Speiche, an. Die Hauptthätigkeit dieses Muskels besteht, wie sein Name sagt, darin, die Supination hervorzubringen. Wenn man den Vorderarm im Ellenbogengelenke durch die Strecker und Beuger in irgend einer Lage feststellt und dann proniert, so entfernt man Ursprung und Ansatz unseres Muskels von einander. Zieht er sich zusammen, so sucht er Ursprung und Ansatz wieder einander zu nähern und stellt die Supination wieder her.

Ausser dieser Hauptthätigkeit leistet er aber noch eine andere Arbeit, eine Nebenarbeit. Wenn der Arm gebeugt ist und dabei *Radius* und *Ulna* in ihrer gegenseitigen Lage durch andere Muskeln festgestellt sind, so liegen Ursprung und Ansatz des langen Auswärtsdrehers so, dass derselbe, wenn er sich zusammenzieht, den Arm noch weiter beugt. Er kann also auch den Arm beugen helfen, beziehungsweise helfen, ihn in seiner gebeugten Stellung zu erhalten, und er thut dies nach dem Grundsatze, dass alle Muskeln des menschlichen Körpers einander unterstützen, die einander unterstützen können.

Sind nun die Arme gebeugt und belastet, z. B. durch ein schweres Gefäss, das man vor sich in den Händen hält, so tritt der zusammengezogene *Supinator longus* wie eine kantige Leiste am oberen Theile des Unterarmes hervor, sich zum Oberarm hinspannend. Hiedurch können die Formen des Armes besonders dann, wenn er kein reichliches Fettpolster hat, in hohem Grade entstellt werden. Auch bei wenig muskulösen Individuen tritt diese Entstellung ein, da der Muskel nicht dadurch hervortritt, dass er anschwillt, sondern dadurch, dass er zwischen festen Punkten ausgespannt wird. Ja, wenn es zugleich an einer Fettbedeckung mangelt, so ist die Entstellung noch grösser als bei muskulöseren Individuen, weil der Muskel noch mehr platt und scharfkantig wird. Es kommt noch dazu, dass bei dieser selben Action auch die Sehne des zweiköpfigen Armbeugers (*M. biceps brachii*), auch derjenige Theil, welcher in die Sehnenbinde des Unterarmes übergeht, sich leicht in unschöner Weise bemerklich macht.

Ein besonders häufiger Fehler an Modellen germanischer Abkunft ist das knorrenartige Hervortreten des Köpfchens der *Ulna* hinter dem Handgelenk. Ich erwähne dies nur der Vollständigkeit halber; denn der Fehler selbst ist so hässlich, dass ihn kaum irgend ein Künstler an einem weiblichen Arm, der auf Schönheit Anspruch erheben soll, nachmachen wird. Auf Bildern des Mittelalters ist dies allerdings bisweilen geschehen infolge von knochigen und mageren Modellen, welche bevorzugt wurden. Nicht minder hässlich ist das eckige Hervorragen des obersten Theiles der *Ulna* am gebeugten Arm, der »spitze Ellenbogen«, der durch ungewöhnliche Länge des Olekranon und durch Magerkeit bedingt wird. Er ist gleichfalls von Künstlern nicht immer vermieden worden und verunziert unter anderem auch die Venus auf der Muschel von Sandro Botticelli. (Vergleiche Fig. 4 auf Seite 25.)

Ein langes Olekranon ist unter allen Umständen ein Fehler. Wenn der Arm bis zu einem Winkel von weniger als 90 Graden gebeugt ist, so macht es spitzen Ellenbogen, wenn der Arm im Winkel von 90 Grad gebeugt ist, so macht es die Linie der Streckseite des Oberarmes schlecht, indem diese dann gerade und rechtwinklig gegen die Linie der Streckseite des Unterarmes herabsteigt, während sie sich bei kurzem Olekranon in ihrem unteren Ende beugt, so dass ein stumpfer, abgerundeter Winkel statt des rechten entsteht.

Ist endlich der Arm gestreckt, so ist das lange Olekranon in dieser Lage so weit hinaufgerückt, dass es, indem es die Ansatzsehne des grossen Armstreckers und theilweise auch die Haut nach oben rückt, eine hässliche Falte hervorbringt, welche bei stärkerer Fettablagerung nach oben zu durch eine höchst vulgär aussehende Hervorragung begrenzt ist. Ein kurzes Olekranon macht in gleicher Lage nur eine Grube, die mehr oder weniger tief sein kann, je nachdem Ueberstreckung vorhanden ist oder nicht.

Es muss übrigens hinzugefügt werden, dass nicht die Länge des Olekranon allein in Betracht kommt, sondern auch die Form desselben. Wo die nach der Streckseite gewendete Kante des Ellenbogenbeines als solche in concaver Schwingung bis an das Ende des Olekranon ausläuft und hier mit der Abstutzungsfläche desselben eine spitze Ecke bildet, wird der Ellenbogen spitzer als da, wo der Knochen am Ende mehr abgerundet ist. Einen trotz starker Beugung sehr schönen Ellenbogen zeigt die sogenannte Diana*) von Gabii.

Ein langes Olekranon kommt in der Regel da vor, wo der Vorderarm überhaupt sehr lang ist. Es ist dies bei Langarmigen mehr der Fall als bei Kurzarmigen. Deshalb

*) Ich folge hier der gangbaren Benennung, kann aber, ebenso wie C. Friederichs (»Bausteine zur Geschichte der griechisch-römischen Plastik«, I. Gypsabgüsse des neuen Museums in Berlin) in der vortrefflichen Figur nichts Anderes sehen als ein hochgeschürztes Mädchen, das im Begriffe ist, sein Obergewand ab- oder anzulegen.

sind bei ersteren die spitzen Ellenbogen häufiger. Es kann aber auch der Oberarm zu lang sein, nicht allein im Vergleiche mit der Gesammtlänge des Körpers und mit der Länge des Rumpfes vom Scheitel bis zu den Schamtheilen gemessen, sondern auch im Vergleiche mit dem Vorderarm, obgleich dies selten der Fall zu sein scheint.

Lange Arme sind notorisch hässlich und ein Attribut niederer Rassen. Man findet nicht leicht ein Modell, bei dem die Arme, verglichen mit den Beinen, zu kurz wären, wohl aber viele, bei denen sie zu lang sind.

Abgesehen von der Länge und Gestalt des Olekranon kommt noch etwas Anderes für die Schönheit des Ellenbogens in Betracht.

Wenn man sich durch das Oberarmbein eine Längsaxe gelegt denkt, wobei der mittlere Theil als cylindrisch angesehen werden muss, so geht diese Axe nicht durch die Drehungsaxe des Ellenbogengelenkes, sondern sie passirt an der Streckseite hinter derselben vorbei. Es hängt dies damit zusammen, dass das Oberarmbein in seinem unteren Drittheile parabolisch leicht nach vorne, also gegen die Beugeseite, gekrümmt ist. Hiedurch wird das Hervorragen des Olekranon vermindert. Bei rechtwinklig gebeugtem Arm kommt deshalb, wenn das Olekranon nicht überlang ist, am Ellenbogen zwischen dem Ulnarcontour des Vorderarmes und dem Contour des Oberarmes kein rechter, sondern ein stumpfer Winkel zustande, was, wie wir bereits gesehen haben, günstig wirkt.

Besagte Krümmung des Oberarmbeines ist nun bei Menschen, die sonst ihre geraden Glieder haben, nicht leicht zu stark, wohl aber nicht selten zu schwach, namentlich häufig bei den germanischen Völkern, so dass dadurch die Gestalt des gebeugten Armes eckig wird, auch wenn die Länge des Olekranon allein dies nicht bedingen würde. Besonders auffallend wird der Fehler, wenn die Streckmuskeln des Oberarmes schwach entwickelt sind und zwischen ihnen und der Haut wenig Fett abgelagert ist.

Endlich muss ich noch des inneren Oberarmbeinhöckers erwähnen, der zwar auf die Gestalt des Ellenbogens im engeren Sinne des Wortes keinen Einfluss hat, der aber dem ganzen Gelenke ein hässlich eckiges Aussehen geben kann, dadurch, dass er zu weit nach innen vorspringt oder sich mit seiner scharfen Kante zu weit nach rückwärts wendet.

Indem wir zur Hand übergehen, beschäftigt uns zunächst die Verbindung der Handwurzel mit der Mittelhand, dem sogenannten *Metacarpus*. Hier begegnen wir zwei Typen. Nach dem einen ist die Handwurzel (ich spreche hier nicht von der knöchernen Handwurzel als solcher, sondern von dem ganzen Abschnitte, welcher der knöchernen Handwurzel entspricht) an die Mittelhand so angesetzt, dass beide, wenn die Hand in der Pronation und in der Richtung des Armes ausgestreckt wird, in gleicher Flucht liegen, nach dem anderen Typus bildet die Handwurzel mit der Mittelhand einen stumpfen Winkel, der nach der Rückenfläche der Hand offen ist. Die letztere Form ist die schönere, weil sie für die in der Pronation ausgestreckte Hand die bei weitem bessere Linie gibt.

Wenn man bei der ersten Form dem oberen Contour des Unterarmes folgt, so setzt er sich direct und einförmig in den des Handrückens fort, bei der zweiten Form aber dacht er sich über der Handwurzel ab und wird erst mit dem Beginne der Mittelhand wieder seiner früheren Richtung parallel. Man erkennt hier die Handwurzel als Schaltstück zwischen dem Unterarme und der Mittelhand, während man bei der ersten nur eine Grenze zwischen Arm und Hand wahrnimmt.

Auch bei der Beugung der Hand gegen den Vorderarm hat der Contour, den die zweite Form gibt, mehr Bewegung, mehr Mannigfaltigkeit, und bei der Ueberstreckung ist die zweite Form auch vortheilhafter, weil sie einen weniger eckigen, mehr gerundeten Knick gibt. Als Beispiel hiefür gebe ich im folgenden Holzschnitte (Fig. 7) die zusammengelegten Hände von Domenichino's Magdalena in der

Gallerie Pitti. Da die zweite Form beim germanischen Stamme seltener ist als beim romanischen, so hat man sich bei deutschen Modellen wohl zu hüten, dass man hier nicht etwas entschieden Unvortheilhaftes copiere.

Die Hand ist ein stets sichtbarer Theil des Körpers. Sie wirkt rein durch die Form als solche, nicht wie das Gesicht durch psychische Elemente. Das mag der Grund sein, weshalb sich das Urtheil über sie ziemlich gleichmässig festgestellt hat. Wenn man auch gelegentlich eine unge-

Fig. 7.

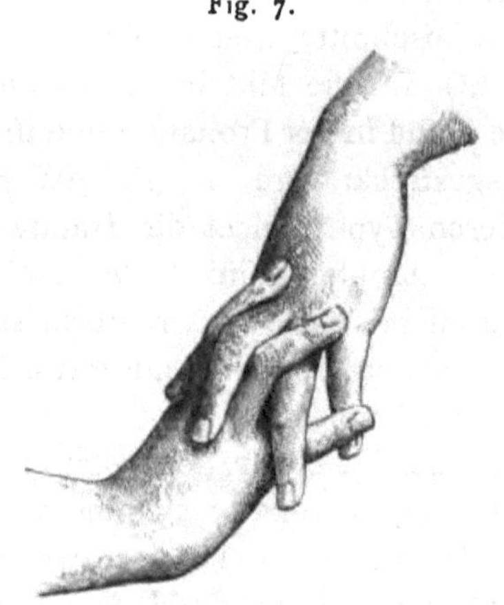

rechtfertigte Schwärmerei für besonders kleine oder besonders lange und schmale Hände findet, so ist das doch nur als Liebhaberei einzelner Laien zu betrachten und hat auf das allgemeine Urtheil keinen Einfluss. Aber einzelne Punkte muss ich besprechen.

Bei den gewöhnlichen gut gebauten aber nicht fetten Händen verjüngen sich die Finger einfach von der Basis gegen die Spitze hin, weder sind die Gelenke dicker als die Mitte der Fingerglieder, noch ist in beträchtlichem Grade das Umgekehrte der Fall. So werden sie auch dargestellt. Finger, an denen die Gelenke dicker sind, sind so notorisch hässlich, dass sie heute nicht mehr zur Darstellung kommen. Es geschah bisweilen im Mittelalter und an der Grenze von Mittelalter und Renaissance, zur Zeit, als noch die ascetische Magerkeit selbst auf Madonnengestalten ausgedehnt wurde. Das jüngste Beispiel, was mir davon erinnerlich ist, rührt von Fra Filippo Lippi her. Es ist die Madonna 162 in der Gallerie Corsini in Florenz. Vielleicht kein Meister ist in Rücksicht auf seine künstlerischen Intentionen so verkannt worden, wie Fra Filippo.

Es gibt aber Weiberhände, bei denen sich die Finger von der Basis gegen die Spitze hin sehr stark, doch nicht gleichmässig verjüngen. Hier haben die, von der Hand aus gerechnet, ersten Glieder der Finger ein mehr oder weniger entwickeltes Rückenpolster aus Bindegewebe und Fett, das eine nicht unbeträchtliche Verdickung bedingt. Die zweiten Fingerglieder haben ein ähnliches schwächeres Polster, die dritten Fingerglieder sind schmal und tragen schmale, von vorne nach hinten gerade, aber der Quere nach stark cylindrisch gebogene Nägel*). Der Rücken dieser Hände ist meistens, wenn auch nur mässig, fett, wenigstens so weit, dass er eben ist und Sehnen und Blutgefässe nicht auf demselben hervortreten. Diese Hände kommen keineswegs nur bei fetten Weibern vor. Man findet sie bei ganz jungen Mädchen, namentlich in Oberitalien und hier besonders im Venezianischen.

Sie haben in die grosse monumentale Kunst wenig Eingang gefunden, kommen aber an Venusgestalten und mehr genrehaft gehaltenen weiblichen Figuren häufig vor.

---

*) Solche Nägel, die dabei, vom freien Rande gegen den Falz hin gemessen, nicht zu kurz sein dürfen, sind eine Zierde der Frauenhand. Kurze, breite und flache oder mehr der Länge als der Quere nach gebogene Nägel sind gemein. Ribera hatte eine besondere Neigung, gemeine Nägel zu malen, oder vielmehr er copierte sie im derben Naturalismus nach seinen von der Gasse aufgegriffenen Modellen.

Vom Zeigefinger an nimmt die Rundung des Nagels gegen den kleinen Finger zu. Der Unterschied ist am grössten zwischen Zeigefinger und Mittelfinger, am kleinsten zwischen Ringfinger und kleinem Finger.

Sie geben lebhafter bewegte, weniger strenge Linien als die Hände, deren Finger sich gleichmässig verjüngen. Besonders bemerklich ist dies, wenn die Finger mässig gebeugt, dabei aber gegen die Hand überstreckt sind. Diese Ueberstreckung der Finger gegen die Hand kann die Kunst ungescheut darstellen, wo sie es für ihre Zwecke am Platze hält; denn sie ist beim weiblichen Geschlechte als normal zu betrachten und kommt auch bei Männern nicht selten vor, macht aber hier den Eindruck der Weichlichkeit, des Weibischen. Eine geringere aber auch noch als normal zu betrachtende Ueberstreckung, die passiv, durch Druck auf die Fingerbeeren jederzeit hervorgebracht werden kann, kommt vor zwischen letztem und mittlerem Fingerglied.

In Rücksicht auf den Ansatz der Finger an die Hand ist zu erwähnen, dass ein scharfer, gut getrennter Einsatz bessere Linien gibt, als die Hände, bei denen die Finger an ihrer Basis durch schwimmhautartige Hautfalten zusammenhängen. Die Silhouette der Hand mit getrennten Fingern soll zwischen den Fingern nicht Abschlüsse durch Spitzbögen oder spitze Winkel zeigen, sondern Abschlüsse durch quere Linien, mit denen die absteigenden Contouren der Finger rechte oder mehr oder weniger stumpfe Winkel bilden.

Ich muss diesen Abschnitt mit einer Warnung schliessen: Arm und Hand findet man an Frauen oft noch in grosser Schönheit in einem Alter, in dem ihr übriger Körper nicht mehr zur Darstellung des Nackten geeignet ist. Ja bisweilen hat sich der Arm erst später so vortheilhaft entwickelt. Der Bildhauer soll sich nicht verführen lassen, einen solchen Arm da zu benützen, wo es sich um die Darstellung jugendlicher Blüthe handelt. Der Arm der Klio, die in Mailand Cavour's Namen auf sein Monument schreibt, hat die Bewunderung von Tausenden von Beschauern erregt, aber er gehört eben einer erfahrenen Dame an, wie es Klio ist, und nicht einer jugendlichen Schönheit.

Diese Haltbarkeit eines schönen Armes ist indessen auch bei gesunden, kräftigen und gut genährten Frauen keineswegs allgemein. Bisweilen tritt frühzeitig eine Veränderung ein, welche sich sonst erst in späteren Jahren zeigt. Sie hängt zusammen mit einer gewissen Schlaffheit der Haut und einer gewissen Schlaffheit der Muskulatur im Zustande ihrer Unthätigkeit. Nicht in Thätigkeit versetzte, nicht angespannte Muskeln haben bekanntlich eine sehr geringe Consistenz. Dieselbe ist, wie ich schon erwähnte, verschieden bei verschiedenen Individuen, ohne dass ein Zusammenhang zwischen ihr und der Leistungsfähigkeit der Muskeln erkennbar wäre. Oft sind solche erschlaffte Muskeln so weich, dass sie überall, wo es ihre Anheftungen erlauben, der eigenen Schwere folgen und da, wo sie nicht durch straffe Sehnenbinden (Fascien) und durch straffe Haut zusammengehalten werden, förmlich herabhängen. Hiedurch entsteht ein Fehler, den man erkennt, wenn man den Arm beugt und die Hand in Pronationsstellung bringt. Ist der Arm schön entwickelt und wohl erhalten, so bleibt er dabei rund, nicht gerade drehrund, aber von gerundeter Gestalt mit einem Querschnitt, der gegen die Handwurzel zu mehr und mehr elliptisch wird. Ist er nicht wohl erhalten, aber dabei doch noch gut ernährt, so sieht man an der Aussenseite die Linie der *Ulna* hervortreten, auf sie folgt nach abwärts eine plane oder in ihrem oberen Theile etwas concave Fläche und dann eine mehr oder weniger starke Ausbauchung nach abwärts, welche durch die hängenden, erschlafften Pronatoren und Beuger hervorgebracht wird, während die Streckseite des Vorderarmes, namentlich im vorderen Theile, sich mehr flächenhaft gestaltet.

Man braucht nur eine Reihe von Witzblättern nachzuschlagen, man wird gewiss an Höckerinnen oder Fleischhauerinnen oder Wäscherinnen solche Arme in ihren charakteristischen Linien gezeichnet finden, aber auch bei P. P. Rubens sucht man nicht vergebens, und ihm war es mit diesen Armen noch völlig Ernst. Dass noch heute ihresgleichen zum Modell genommen würden, ist kaum zu befürchten, wohl aber hat man sich im Porträt vor ihnen zu hüten, ja vor der leisesten Andeutung derselben. Der Künstler muss hier nachhelfen, man wird ihm die poetische Licenz sicher verzeihen. Man erzählt von van Dyck, dass er auf seiner Reise nach England Modelle mit besonders schönen Händen mit sich geführt habe, um nach ihnen die Hände seiner Porträte zu malen, und ich habe nie gelesen, dass über die Unähnlichkeit der Hände auf diesen Porträten geklagt worden wäre.

Gewissenhafter geht allerdings der Porträtmaler zuwerke, wenn er den Arm durch zweckmässige Lagerung, beziehungsweise durch zweckmässige Action in möglichst vortheilhafter Ansicht zu zeigen sucht, und endlich wenn er das, was sich nun einmal nicht vortheilhaft zeigen lässt, bedeckt.

III.

Brust und Schultern.

Bei der Brust im allgemeinen kommt zunächst die Form des Brustkorbes (*Thorax*) in Betracht. Derselbe soll weder vorne flach oder gar eingedrückt sein, noch soll das Brustbein hervorragen, während die Rippen gegen dasselbe schräg nach vorne auslaufen (Vogelbrust, *pectus carinatum*). Je mehr Wölbung die Rippen haben, um so besser ist es. Dabei soll der Brustkorb sich nach oben nicht zu früh und nicht zu bedeutend verengern. Namentlich für die Linien männlich kraftvoller Gestalten braucht man eine breite Brust und breite Schultern, die aber doch nicht flügelartig abstehen, indem der Brustkorb auch in seinem oberen Theile noch Umfang genug hat und breit genug ist, um die Brust direct mit ihnen zu verbinden.

Ein Muster eines schön entwickelten männlichen Brustkorbes hat Canova in seinem Perseus gegeben. Man hat diesen Meister in neuerer Zeit wegen seiner Geziertheit und wegen seiner gelegentlichen Unbeholfenheit in der Composition zu tief herabgesetzt. Ein Ruhm wird ihm immer bleiben: er kannte die Schönheiten des menschlichen Körpers, namentlich die des weiblichen, und er wusste sie zum Ausdrucke zu bringen. Diese Ueberzeugung wird jeder gewinnen, der nach Possagno geht und die dortige Sammlung der Modelle zu Canova's Werken durchmustert. Ich habe seinen Perseus als Beispiel gewählt, weil hier gerade die Form des Brustkorbes das Gestaltende ist. Die Muskeln sind verhältnismässig schwach entwickelt. Die Alten pflegten ihre Helden kräftiger, muskulöser aufzufassen.

An den Antiken ist der Brustkorb immer gut, aber in Rücksicht auf seine Capacität verschieden entwickelt. Die letztere ist am grössten bei einzelnen Götter- und Heldenfiguren. Beispiele für gut entwickelte und muskulöse Brust bieten die pergamenischen Funde, so der Zeus, der mit dem Donnerkeile ausholt, und der Krieger (Ares?), der der schiessenden Artemis gegenübersteht. Die Rinne auf dem Brustbein mancher antiker und moderner Statuen entspricht dem Zwischenraume zwischen den Ursprüngen der grossen Brustmuskeln und ist bei Herkulesgestalten besonders tief eingesenkt, um die ungewöhnliche Entwickelung dieser Muskeln zu zeigen.

Bei den Bildhauern der Renaissance, welche die Athleten des Alterthums nicht mehr vor Augen hatten, kommt diese Rinne nicht mehr gleichmässig zum Ausdruck. So fehlt sie beim David des Michel Angelo im oberen Theile, während sie im unteren Theile vorhanden ist.

Die häufigsten Fehler des *Thorax* beim Manne sind Depressionen zwischen der Brust und den Schlüsselbeinen und solche zwischen der Brust und den Schultern, Depressionen unter den Brüsten, zu geringer Durchmesser von vorne nach hinten, höckeriges Brustbein und Sichtbarkeit der Rippenknorpel, welche sich seitlich mit demselben verbinden. Ich werde auf einzelne dieser Fehler noch beim *Thorax* des Weibes zurückkommen und will hier nur einige Bemerkungen über die männlichen Schultern hinzufügen.

Gewiss jedem, der den farnesischen Herkules genauer betrachtet hat, wird die anscheinend unnatürliche Entwickelung des Deltamuskels in seinem unteren Theile aufgefallen sein, und mancher mag in ihr eine ähnliche Uebertreibung gesehen haben, wie in dem plumpen Weichenwulste derselben Figur. Ich habe indessen einmal ähnliche Schultern an einem gedrungen gebauten Turner von ganz ungewöhnlicher Stärke gesehen. Ihre Gestalt beruht auf der starken Convergenz und dem Uebereinandergreifen der Fasern im unteren Theile des Deltamuskels. Dadurch entsteht hier eine starke Erhebung, die mit der oberen auf der seitlichen Ausladung der Schulter in Eins zusammenfliesst. Bei sehr mageren und zugleich fleischlosen Individuen ist es wesentlich der Kopf des Oberarmbeines, der die seitliche Ausladung bedingt, und sie hört deshalb unter demselben frühzeitig auf. Wenn dagegen der Deltamuskel stark entwickelt ist, so bringt er nicht auf dem Oberarmbeinkopfe die stärkste Verdickung hervor, denn hier sind seine Fasern noch nicht gesammelt, sondern unterhalb desselben, da, wo sich seine Fasern zur Anheftung zusammenthun.

Die Linien, welche der herkulische Deltamuskel in verschiedenen Ansichten macht, sind nicht elegant, aber sie dienen zur Charakteristik grosser physischer Kraft und können auch schön sein, wie das Gewaltige schön ist, wenn ihnen eine Fürsorge zutheil wird, wie sie Michel Angelo seinen Linien zutheil werden liess, da, wo er sehr stark entwickelte und äusserlich ausgeprägte Muskulatur darstellte.

An solchen Schultern sieht man, wenn sie fettarm sind, eigenthümliche Furchen und Rinnen, die man sonst an den Schultern nicht wahrnimmt. Sie folgen der Faserrichtung des Deltamuskels und werden namentlich sichtbar, wenn derselbe in Action tritt, aber zugleich durch einen Widerstand an seiner zu starken Verkürzung gehindert wird. Sie rühren daher, dass das Fleisch des Muskels in starke Bündel, in starke Pakete abgetheilt ist, deren Trennungsflächen mehr oder weniger senkrecht gegen die Haut stehen und den besagten Furchen oder Rinnen entsprechen.

Bei weiblichen Figuren kann ein in seinem oberen Theile zu breiter *Thorax* schaden, namentlich dann, wenn er vermöge der Gestalt der Rippen seine Breite auf Kosten seiner Tiefe, das heisst auf Kosten seines Durchmessers von vorne nach hinten, gewonnen hat. Es ist dies der breite, flache *Thorax*, der bei der angelsächsischen Rasse besonders häufig ist.

Die besten weiblichen Gestalten gibt ein Brustkorb, dessen Querdurchmesser zwar gross genug ist, um die Schultern eng anliegend zu machen, nicht flügelartig abstehen zu lassen, aber andererseits weder zu gross im Vergleiche mit dem Tiefendurchmesser, noch zu gross in Rücksicht auf die Durchmesser der Oberarme und der Schultern. Oberarme und Schultern, welche schwach sind im Verhältnisse zu der Breite der Brust, machen immer einen armseligen Eindruck.

Man lasse sich durch die Laune der jetzigen Mode nicht bestimmen zu glauben, dass dies für bekleidete Figuren nicht der Fall sei. Der Eindruck ist hier nicht minder schlecht; wir sind nur durch die Gewohnheit dagegen abgestumpft. Man gehe nach San Sebastiano in Venedig und sehe, wie Tom. Lombardi über diesen Punkt dachte.

Die Brust im engeren Sinne des Wortes (*Mamma*) hat bei verschiedenen Weibern eine verschiedene Stellung. Bei den einen ist sie mehr nach aussen gewendet, so dass die Brustwarzen verhältnismässig weiter von einander entfernt sind, bei anderen sind die letzteren mehr einander genähert und nach vorne gerichtet. Zum Theile hängt dies mit dem Grade der Entwickelung der Brust zusammen. Die sich entwickelnde Brust zieht die Haut, welche sie nun für ihre grössere, mehr convexe Oberfläche braucht, nach sich, und, da die Haut an der Seite leichter folgt als die Haut zwischen den Brüsten, so sind die Brustwarzen später relativ enger gestellt, als vor der Vollendung ihrer räumlichen Entwickelung. Hiemit und mit der geringeren Entwickelung des Brustkorbes hängt es auch zusammen, dass bei den Weibern die Brustwarzen enger gestellt sind als bei den Männern. Bei gleicher Breite des *Thorax* werden weiter gestellte Brustwarzen mit Recht bevorzugt.

»Die Brüste müssen in Feindschaft mit einander leben«, hörte ich einmal einen Bildhauer sagen. »Während die rechte nach rechts sieht, muss die linke nach links sehen.« Sie müssen dabei keine zu tiefe und zu stark markierte Einsenkung zwischen sich haben, sondern allmählich gegen die Höhe des Brustbeines abgedacht sein. Die gute Entwickelung des Brustkorbes in seiner Tiefendimension ist es ja eben, welche diese Art der Brüste ermöglicht.

Aber abgesehen hievon gibt es bei den Weibern Unterschiede in der Stellung der Brust, welche nicht minder von der Bildung des *Thorax* abhängen.

Auch in Rücksicht auf die Höhe, in der die Brüste angesetzt sind, ergeben sich Unterschiede, die nichts zu thun haben mit dem durch Schwere oder Schlaffheit bedingten Herabsinken, sondern sich schon in einem früheren Stadium der Entwickelung bemerklich machen. Unter sonst gleichwertigen Modellen verdienen die mit höher angesetzter Brust den Vorzug. Die Antiken zeigen sämmtlich hoch angesetzte Brüste.

Bei der capitolinischen Venus scheint dies freilich nicht der Fall zu sein, aber der tiefere Stand der Brüste kommt hier theilweise auf Rechnung der Schwere derselben und der Stellung der ganzen Figur. Besonders hoch angesetzte Brüste zeigt die sogenannte Venus genetrix in den Ufficien Nr. 265.

In der italienischen Kunst machte sich anfangs keine bestimmte Regel geltend. Während vielen die Antiken als Muster dienten, finden wir anderswo, z. B. an Correggio's Danae, einen tieferen Ansatz der Brust. Aber dieses berühmte, andererseits aber auch nicht ohne Grund bitter getadelte*) Bild macht überhaupt nicht den Eindruck eines idealen Kunstwerkes, sondern mehr den eines Porträts

*) Vergleiche Burckhardt im »Cicerone«.

eines Modells, dessen getreue und realistische Darstellung sich der Meister, gleichviel, ob mit Recht oder mit Unrecht, zur Aufgabe gemacht hatte.

Erst in der Zeit des Verfalles der italienischen Kunst finden wir bei manchen Meistern geradezu eine Vorliebe für einen niedrigeren Ansatz der Brüste, wie er in der That in der Wirklichkeit sehr häufig ist.

Eine ähnliche Neigung, die Brüste tief anzusetzen, findet sich bei einzelnen Meistern der deutschen Renaissance; Schuld daran sind offenbar die schlechten Modelle, welche diesen Meistern dienten. Der Ansatz der Brust, bezogen auf die darunter liegenden Rippen, unterliegt nur geringen Schwankungen. Wo also die Rippen in der Mittellage sehr schräg nach abwärts gerichtet sind, da wird sich die Brust tief ansetzen, da aber, wo der Bogen, welchen die Rippen machen, nach vorne weniger stark abfällt, da wird sie sich höher ansetzen.

In Rücksicht auf die Form der Brust ist die erste Bedingung, dass sie sich nach unten durch keine Falte begrenze, auch dann nicht, wenn das Modell aufrecht steht und die Arme herabhängen. Die antike Plastik kennt bei der Darstellung des Nackten eine solche Falte nicht; sie hat sie, wo sie vorauszusetzen war, stets mit Gewand bedeckt. Erst als die italienischen Künstler sich zuerst wieder daran wagten, die nackte menschliche Gestalt darzustellen, tritt diese Falte auf und erklärt sich hier zunächst aus der Seltenheit der Mädchen, die sich zum Modellstehen hergaben, und aus der Unfreiheit, aus der Befangenheit, mit der ihr Körper copiert wurde, weil er einer der wenigen war, welche man zu sehen Gelegenheit hatte.

Dies erklärt die zwar runden, aber tief angesetzten, der Schwere folgenden und nach unten durch eine scharfe Linie begrenzten Büste der berühmten Venus von Sandro Botticelli in den Ufficien.*)

---

*) Siehe Fig. 4 auf Seite 25.

Auch später, als die Herrschaft der Antike bereits unbestritten war, wich man von den Typen derselben gelegentlich ab, zum Theil mit zweckbewusster Absicht. So zeigt sich dies in der Gestalt der Eva auf dem grossen Bilde von Ang. Bronzino, Jesu al Limbo (Ufficien). Es liegt nahe, dass es sich hier darum handelte, dem Charakteristischen der Frau und Mutter gerecht zu werden. Aber auch sonst kommen Abweichungen vor. Franc. Morandini's Grazien (Ufficien 1240) zeigen solche. Die eine hat mehr runde, die andere (von der dritten sieht man den Rücken) mehr konische Brüste, aber bei beiden zeigen die Warzen abwärts, nicht wie bei den antiken nach vorwärts, beziehungsweise nach vorwärts und nach aussen.

Diese letzteren Abweichungen sind wahrscheinlich lediglich unter dem Einflusse der gewählten Modelle entstanden. Nach anderen Modellen hätte Morandini wohl andere Brüste gemalt.

Unter den Brustformen der Antiken muss man nun wieder verschiedene unterscheiden. Beginnen wir mit der einfachsten Form. Die Brust kann dem Brustkorbe aufgesetzt sein wie ein Kegel, der in seiner Axe durchschnitten einen Winkel von 90 oder mehr*) Graden ergeben würde. Dieser Form nähern sich die Brüste der Venus aus dem Hause Braschi in München (Glyptothek**), mehr noch die einer Nymphe von Canova, welche ich in Possagno gesehen, deren nähere Bezeichnung ich mir aber leider nicht gemerkt habe. Diese Brust kommt bei Frauen, die

*) Wenn ich nicht hinzufüge »auch weniger«, so will ich damit nicht behaupten, dass dies nicht vorkomme. Schon auf altägyptischen Monumenten sieht man Brüste, bei denen die Höhe mehr als die Hälfte des Durchmessers der Basis beträgt, und noch jetzt sollen solche bisweilen an den Töchtern von Fellah's gesehen werden: diese Brüste sollen später sehr schlaff und hängend werden, so dass man gelegentlich einem Fellahweibe begegnet, welches ein auf ihrem Rücken hockendes Kind mit über die Schulter geschlagener Brust säugt.

**) Sie wird auf Grund von Münzfunden von einigen für eine freie Nachbildung der knidischen Aphrodite des Praxiteles gehalten.

geboren haben, niemals vor, auch wenn sie nicht gesäugt haben; sie kann nicht vorkommen, weil während der Schwangerschaft in der Brust Veränderungen vorgehen, welche für alle späteren Zeiten ihre Consistenz beeinträchtigen. Von dieser Brust wird verlangt, dass sie der Schwere fast gar nicht nachgebe, dass ihre Form beim Liegen fast dieselbe sei, wie bei aufrechter Stellung. Einigermassen grosse Brüste nach diesem Typus werden deshalb äusserst selten sein, denn nur selten wird die Consistenz hinreichend sein, um bei grösserer Masse die Form noch vollständig zu erhalten. Häufiger erscheinen dagegen diese Brüste als Durchgangsform bei jungen Mädchen. Der Kegel ist dann kleiner und niedriger, manchmal zeigt er in einiger Entfernung von der Warze eine ganz kleine, etwas steilere Abdachung, während dann der Kegelmantel wieder seiner früheren Richtung parallel wird.

Aus dieser kegelförmigen Brust lässt sich eine andere ableiten. Man nehme an, dass sich der Mantel des Kegels in einiger Entfernung von der Spitze ausbauche und dass sich an der Spitze die Warze deutlicher von ihrer Umgebung abzugrenzen beginne, so wird das Ganze einer Gestalt zustreben, die besteht aus einer Halbkugel mit aufgesetzter Warze.

Noch ehe aber diese Gestalt erreicht ist, fängt die Schwere an, sich in dem Gebilde geltend zu machen. Infolge davon wird der untere Theil des früheren Kegelmantels convexer, stärker gerundet, und so entsteht diejenige Form der Brust, welche wir bei den meisten Venusgestalten des Alterthums finden, so bei der medicäischen und bei der Venus von Milo. In Fig. 8 zeigt die punktirte Linie den rechtwinkligen Durchschnitt der rein kegelförmigen Brust, die ausgezogene Linie den Durchschnitt der davon abgeleiteten antiken Venusbrust. An verschiedenen Bildwerken weicht die Form mehr oder weniger ab, indem der Winkel, der hier mit 90 Grad bezeichnet ist, diesen Wert um mehr oder weniger überschreitet, ein stumpfer Winkel ist.

Ein Schritt weiter führt uns zur Brust der capitolinischen Venus. Sie ist grösser und schwerer, und man sieht ihr auch die grössere Schwere an. Sie zeigt nach meiner Ansicht die Grenze, über welche man bei nackten Idealgestalten nicht hinausgehen soll.

Die Figuren Michel Angelo's zeigen Brüste, welche wesentlich von den Antiken verschieden sind. Sie sind mehr gerundet und folgen mehr der Schwere. Ich rede hier nicht nur von der Nacht, ihre Brüste sind die einer Frau; ich rede auch von denen der Aurora und von denen der Leda, unter der Voraussetzung, dass diese marmorne Leda Michel Angelo's eigenes Werk ist.*) An den

Fig. 8.

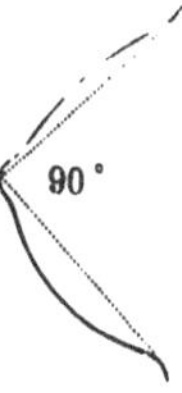

betreffenden Figuren könnten sie, ohne die Einheit des Ganzen zu zerstören, schwer durch andere ersetzt werden; an sich betrachtet, stehen sie aber hinter denen der Antiken zurück. Man denke sich die erwähnten Figuren von Fleisch und Blut und nicht liegend, sondern aufrecht auf ihren Füssen stehend, so wird jeder, der den Unterschied zwischen dem liegenden und dem stehenden weiblichen Modell kennt, dies zugeben.

*) Sie ist im Bargello in Florenz als solches bezeichnet. Ich kenne die kunsthistorischen Untersuchungen darüber nicht. Das ihr entsprechende Gemälde, das in mehreren Exemplaren existiert, ist nicht zu verwechseln, mit der Leda, welche Michel Angelo für Alfons von Este malte, wie man leicht aus Vasari's Beschreibung ersehen kann. Diese Leda war in ganz anderer Situation dargestellt.

Es war eben die Hand des grossen Meisters, welche einen gegebenen Körper in seiner vortheilhaftesten Gestalt ausnutzte und auch Gebilde in seine Zauberlinien hineinzuflechten wusste, die unter anderen Umständen gestört haben würden.

Michel Angelo hatte auch die Neigung, die Brüste durch einen breiten Zwischenraum zu trennen und sie recht scharf und deutlich von diesem Zwischenraume abzugrenzen. Jede einigermassen bewegliche Brust rutscht auf ihrer Unterlage, und zwar wenn das Modell steht, nach abwärts, wenn es liegt, nach auswärts; aber das ist es nicht allein, was bei Michel Angelo's Figuren die Brüste so weit von einander trennt, denn erstens haben sie die Haut nicht in auffälliger Weise nach sich gezogen und zweitens ist die Nacht mit dem Oberkörper so weit aufgerichtet, dass die Verschiebung mehr nach abwärts als seitlich erfolgen müsste. Die linke Brust der Figur kann zwar durch den zurückgelegten Arm nach aussen gezerrt sein, die rechte aber nicht, und doch grenzt sie sich in relativ weiter Entfernung vom Brustbein ab.

Auch bei den Antiken kommen solche weit auseinander stehende Brüste vor, z. B. bei der Barberinischen Juno. Man vergleiche diese mit der capitolinischen Venus: der grosse Unterschied, der sich hier zeigt, kann nicht allein auf Rechnung der Körperstellung gebracht werden.

In der Wirklichkeit scheinen diese Brüste namentlich bei grossen Frauenzimmern mit breitem, aber vorne mehr flachem als gewölbtem *Thorax* und kleiner runder *Mamma* vorzukommen; denn, je kleiner die Brüste umgrenzt sind, um so weiter werden sie auf breiter Brustfläche von einander entfernt stehen, und je weniger das Brustbein mit den daran gehefteten Rippenknorpeln sich vorwölbt, um so weniger allmählich wird sich die Brust gegen die Mittellinie zu abdachen, um so schärfer wird sie sich auf der Fläche, auf der sie aufsitzt, abgrenzen.

Es braucht sich auch nicht jede Brust zuerst kegelförmig zu entwickeln, um sich dann erst bei zunehmender Masse zu runden; sie kann sich von vornherein als rundlicher, anfangs niedriger Hügel hervorwölben. Eine solche Brust ist die der schönen, aber sehr verstümmelten Antike des Museums zu Neapel, welche unter dem Namen der Psyche bekannt ist. Da dieselbe uns hier nur als Beispiel dienen soll, so ist es für uns gleichgiltig, ob ihre jetzige Gestalt die ursprüngliche ist, oder ob sie dieselbe einer späteren Ueberarbeitung verdankt.*)

Wenn man die verschiedenen Antiken aus der guten Zeit durchmustert, so wird man noch mancherlei Abweichungen finden, aber keine, die als fehlerhaft bezeichnet werden könnte. Gerade was die Darstellung der Brust anlangt, ist das Feingefühl der Alten unübertroffen, und an Modellen scheint es ihnen auch nicht gefehlt zu haben.

---

*) Bei C. Friederichs: »Bausteine zur Geschichte der griechisch-römischen Plastik«, I. Gypsabgüsse des neuen Museums in Berlin, liest man auf Seite 353 mit Rücksicht auf an der Psyche vorgenommene Restaurationsarbeiten: »Ausserdem aber ist eine rücksichtslose Ueberarbeitung wenigstens des Rumpfes der Figur vorgenommen worden, indem die beschädigten Theile, statt ausgebessert zu werden, einfach abgemeisselt wurden. Die Brust, namentlich die rechte, ist dadurch ganz flach geworden; auch die rechte Hüfte und das Gewand sind nicht unberührt geblieben.« Ich kann mich nicht auf meine Erinnerungen an das Original stützen, sie sind zu alt und zu verwischt. An einem guten, noch mit den Nähten versehenen Gypsabgusse finde ich keine deutlichen Spuren des Abmeisselns. Die Gestalt, wie sie ist, zeigt auch nichts, was zu einer solchen Annahme berechtigt. Dass die rechte Brust weniger hervortritt als die linke, ist durch die Stellung gerechtfertigt. Vielleicht könnte man meinen, die erstere sollte ein wenig mehr zusammengeschoben sein, aber wenn hier ein Fehler begangen ist, so ist es ein solcher, der ebensowohl auf Rechnung des Autors, als auf Rechnung eines Bearbeiters gesetzt werden kann. Die Flachheit der Brüste im allgemeinen ist hier Attribut der Jugend. Wenn man die Figur als Psyche deutet, so sind diese Brüste für die poetische Auffassung der Gestalt jedenfalls geeigneter als die Halbkugeln, welche der Psyche der Farnesina zutheil geworden sind. Hier ist mir der Anschluss an Apulejus immer zu eng erschienen.

Ich will noch von einer Art der Darstellung der weiblichen Brust sprechen, welche dem Alterthume und der Renaissance fremd ist*), aber an einzelnen Kunstwerken der Jetztzeit gesehen wird. Der Meissel des Bildhauers hat hier auf der Mitte jeder Brust eine niedrige, gegen die Mitte zu sanft steigende kreisrunde Erhebung von 3 bis 3 1/2 Centimeter im Durchmesser geschaffen, in deren Centrum, steil aufgerichtet, die Brustwarze steht, und deren Peripherie sich durch einen ziemlich scharfen Contour von der Haut der übrigen Brust abgrenzt. Diese Erhebung kommt in Wirklichkeit vor, aber sie kann an einer und derselben Brust vorhanden sein und nicht vorhanden sein. In der Brustwarze und um dieselbe herum im sogenannten Warzenhofe liegt ein Lager von sich sehr langsam bewegenden Muskelfasern. Wenn sich diese zusammenziehen, so entsteht die Erhebung, wenn sie erschlaffen, so verschwindet sie wieder und der Contour der Warze geht wie bei den Antiken allmählich in den Contour der Brust über.

Es genügt aber nicht, dass man die Formen und die Stellung der Brüste für sich allein studiert, man muss sie auch im Zusammenhange betrachten mit dem *Thorax*, mit dem Brustkorbe, auf dem sie aufsitzen. Ein schön gewölbter *Thorax* gibt nicht nur den Brüsten eine bessere Lage und Haltung, sondern er bestimmt auch die Gestaltung der ganzen Büste. Unter den häufigsten Fehlern, die hier vorkommen, ist zunächst zu nennen die äusserlich sichtbare Verbindung der Rippen mit dem Brustbeine. Sie ist, wo sie nicht als Folge äusserster Magerkeit erscheint, Folge einer krankhaften Disposition im Kindesalter, und ein Modell, welches sie zeigt, ist ohneweiters als unbrauchbar zu verwerfen.

---

*) Die schon von Winkelmann erwähnte Marke um die Brustwarzen des Antinous vom Belvedere könnte hierauf zu beziehen sein, doch habe ich keine hinreichend deutliche Erinnerung an die Einzelheiten des Originals, um dies vertreten zu können.

Es soll auch im oberen Theile des Brustbeines kein Höcker sein, auf den dann nach abwärts, zwischen den Brüsten, eine Einsenkung folgt. Diese Verunstaltung entsteht dadurch, dass der sogenannte Handgriff (*Manubrium sterni*), das obere zwischen den Schlüsselbeinen und zwischen den ersten und zweiten Rippen liegende Stück, unter einem nach aussen vorspringenden Winkel, nicht gerade, an das Brustbein angesetzt ist. Ebensowenig soll diese Verbindung einen einspringenden Winkel machen. Auch soll das Schlüsselbein keine Hervorragung bilden, an der man seinen Verlauf erkennt: am allerwenigsten soll sich die Haut über und hinter demselben einsenken und sogenannte Salzfässer bilden.

Die ganze Fläche über den Brüsten bis an den Hals und die Schultern soll leicht convex, aber sonst ohne auffällige Hervorragungen und Vertiefungen sein und auch weiche, keineswegs plötzliche Uebergänge zu den Schultern zeigen. Die Halsgrube muss nur leicht eingedrückt sein. Ueber die Grenzlinie der Brust gegen den Hals lässt sich schwer etwas aussagen, da ihr Charakter in hohem Grade wechselt, je nachdem der Nacken gegen die Brustwirbel gebeugt oder steil aufgerichtet ist. In der ersteren Stellung, die sich an der medicäischen und an der capitolinischen Venus findet, ferner an der Venus von Milo und an der Venus vom Esquilin, ist diese Grenzlinie am weichsten, am wenigsten markiert, aber am vollständigsten; in der letzteren kann sie vorne gänzlich verstrichen werden, während sie sich an den Seiten stärker markiert und bei Fettablagerung sogar als einspringende Falte auftreten kann.

Zwischen der Brust und der Schulter liegt als Bestandtheil der vorderen Wand der Achselhöhle eine allen Künstlern wohlbekannte Hervorragung, welche an zahlreichen Antiken und namentlich an der Venus von Milo sehr schön ausgeprägt ist. Die Künstler, welche sich die Antike zum Muster nehmen, gehen ihr auch sorgfältig nach, weil sie die Schönheit der Linie zu schätzen wissen, welche sie in verschiedenen Ansichten hervorruft. Am lebenden Modelle ist sie häufig nicht deutlich, weil sie von drei Bedingungen abhängt, die nicht immer zusammentreffen. Die erste ist kräftige Entwickelung der Brustmuskeln, insonderheit des grossen Brustmuskels (*Musculus pectoralis major*), die zweite eine mässige, nicht zu starke und auch nicht schwache Fettdecke. Die dritte Bedingung ist eine Brust, die in sich Halt hat, die nicht der Schwere folgt und die zwischen ihr und der Achsel befindliche Haut nicht nach abwärts spannt.

Fig. 9 zeigt sie, nicht stark, aber deutlich entwickelt, nach einer Photographie vom lebenden Modell.

Es ist bekannt, dass auch Künstler, die sich um die Antike nicht kümmern, oft genug an den Brüsten corri-

Fig. 9.

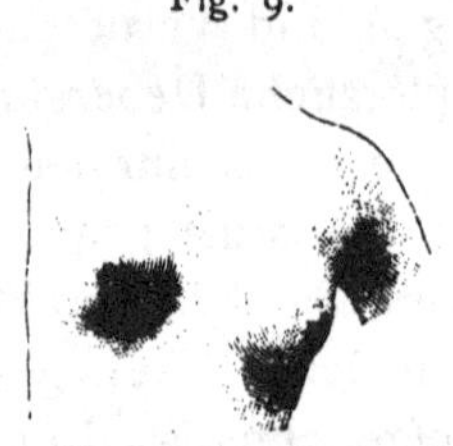

gieren, weil diese an sonst guten und wohlgeschulten Modellen häufig nicht mehr in solchem Zustande sind, dass sie naturgetreu dargestellt werden könnten. Bei dieser Correctur nun ist jedesmal auch an die vordere Wand der Achselhöhe zu denken und die Antike als mustergiltig nachzuahmen.

Das hier Gesagte gilt für weibliche Figuren, welche die Blüthe des Lebens, die vollkräftige Entwickelung darstellen. Der Künstler wird durch das Studium sehr junger, noch schmächtiger Modelle selbst erfahren, wo er hinter dem oben Geforderten zurückzubleiben hat, wenn es sich darum handelt, die Knospe der Schönheit darzustellen. Aber vor Einem muss ich warnen, davor, dass nicht dürftige, krankhafte Entwickelung verwechselt werde mit normaler, noch nicht abgeschlossener Entwickelung. Vor allem ist darauf zu achten, dass man die Jugend nicht durch einen armseligen Brustkorb auszudrücken suche, denn ein normaler, gut entwickelter Brustkorb ist in der Jugend von einem mangelhaft entwickelten ebenso verschieden, wie im späteren Alter, wenn er auch dem des späteren Alters noch nicht gleich ist. Man sei misstrauisch gegen die Modelle, welche man vor sich hat, namentlich bei uns in Deutschland, denn der germanische Brustkorb ist viel häufiger schlecht entwickelt als der romanische. Indessen auch in Italien werden hieher gehörige Fehler gemacht. Einen solchen, der mir seitdem öfter vorgekommen ist, sah ich zuerst in auffallender Weise an einer graciösen Figur der Unschuld, die aus Mailand stammte. Dieser Fehler besteht in einer Depression unter der Brust, unter der *Mamma*, die nur bei schlecht entwickeltem Brustkorbe vorkommt. Ich will an diesem Orte gar nicht von den Verwüstungen reden, welche die Schnürbrust anrichtet, indem sie dem ganzen unteren Theile des Brustkorbes eine veränderte, eine durchaus unnatürliche Form gibt. Leider wird das Corset häufig schon frühzeitig angelegt, um, wie sich die Mütter in ihrer Thorheit ausdrücken, »die Figur zu bilden«. Gerade diejenigen Mädchen, welche in der Entwickelungszeit gar keine Taille und dabei einen runden unteren Thoraxumfang haben, wachsen sich zu den schönsten Gestalten aus. Ihre temporäre Gedrungenheit verlieren sie durch das spätere Längenwachsthum.

Wir gehen über zu den Schultern. Abgesehen davon, dass die Schultern zu hoch oder zu tief stehen können, ist ihr häufigster Fehler die mangelhafte Entwickelung des Deltamuskels (*Musculus deltoideus*). Dieser Fehler liegt theils in der Rasse, theils darin, dass beim weiblichen Geschlechte in den mittleren und höheren Ständen die Muskeln überhaupt wenig geübt werden und der Deltamuskel am wenigsten. Der Deltamuskel wird geübt, wenn man den Arm hoch über den Kopf hinaufstreckt, also z. B. wenn man auf dem

Boden stehend Aepfel von den Bäumen liest, oder wenn man Wäsche auf hohen Leinen aufhängt, wenn man mit der Hand eine Last festhält, die man auf dem Kopfe trägt, oder wenn man ein Gewicht hoch über den Kopf hebt.

Solche Bewegungen kommen aber bei jungen Mädchen der höheren Stände wenig vor und werden, sobald es die Mode verlangt, geradezu durch eine Kleidung behindert, welche man ihnen schon frühzeitig anlegt. Es sind dies die Leibchen, in denen das Achselstück nicht, wie es der Fall sein soll, auf dem oberen knöchernen Theile der Schulter ruht, sondern quer über den Deltamuskel hinläuft. Mädchen in solcher Kleidung sieht man, wenn sie den rechten Arm in die Höhe recken wollen, den Oberkörper weit nach links neigen, weil sie zwischen Arm und Rumpf nur mit Mühe einen stumpfen Winkel zustande bringen. Schultern mit schlecht entwickeltem *Deltoideus* sind, wenn sie nicht fettreich sind, oben eckig, weil die Ecken des Knochengerüstes hervorragen, welches das Schulterende des Schlüsselbeines mit dem freien Ende der Schulterblattgräte, dem *Acromion*, bildet. Von diesen eckigen Höhen fallen dann die Flächen ohne gehörige Wölbung ab. Fettablagerung kann zwar die Form verbessern, aber es wird nie die schöne Rundung erreicht, welche die gewölbten Schultern so hervortreten lässt, dass man in ihnen nicht blos das obere Ende des Armes sieht. Rauch's berühmte kränzewerfende Victorien, die durch Reproductionen so sehr verbreitet sind, erscheinen bei aller ihrer Schönheit in den Schultern zu schwach und dürftig.

Sei es die Rasse, sei es die Gewohnheit des Tragens und Festhaltens leichter Lasten auf dem Kopfe, Italien produciert viel mehr gute weibliche Schultern als Deutschland, und dies kommt auch in der italienischen Kunst zum Ausdrucke. Wenn man sich den Unterschied von deutscher und italienischer Gestaltung in recht auffälliger Weise zur Anschauung bringen will, so vergleiche man einmal die schlank gebaute Heriodias des Vincenzo Dati vom Baptisterium des Domes zu Florenz mit den oben erwähnten Victorien von Rauch. Selbst die so zart gebaute Madonna des Mino da Fiesole im Dome von Fiesole hat noch kräftige Schultern. Ja man kann sagen, dass die Kunst der Renaissance mehr Wert auf gut entwickelte Schultern legte als das Alterthum, wenigstens tritt in ihr der Deltamuskel mehr hervor, weil die Renaissance, namentlich die Frührenaissance, den Oberarm weniger fettreich und drehrund bildete als das Alterthum.

Nicht genau auf der Schulterhöhe, sondern etwas nach hinten von derselben befindet sich manchmal eine kleine Grube, welche, beim Heben des Armes nach rückwärts und aufwärts, in eine halbmondförmige Einsenkung übergeht. Letztere entsteht durch besagte Bewegung auch bei anderen Individuen. Sie ist die Folge der Zusammenziehung des *Deltoideus*, der sich hervorwölbte, während die Knochen, an die er sich ansetzt, in der Tiefe bleiben. Aber bei einzelnen bleibt ein kleines Grübchen auch noch sichtbar, wenn der Arm schlaff am Körper herunterhängt. Da dies ziemlich selten ist, so gehört das Grübchen nicht mit zum Erinnerungsbilde einer wohlgeformten Schulter im allgemeinen. Der Künstler kann deshalb auch nicht gerade aufgefordert werden es darzustellen. Andererseits ist es aber auch nicht entstellend, es ist kein Schönheitsfehler und kommt nur bei Individuen mit gut entwickelter Muskulatur und gut an die Unterlagen befestigter Haut vor.

IV.

Der Bauch.

Der männliche Bauch ist künstlerisch um so verwendbarer, je kleiner er ist und je mehr normale Einzelnheiten er zeigt.

Die Kleinheit des Bauches hängt bei gesunden und noch in den Blüthejahren stehenden Männern wesentlich davon ab, dass derselbe nicht durch grössere Mengen von Nahrungsmitteln und Gasen ausgedehnt sei. Ferner hängt sie aber auch davon ab, dass die Darmbeinkämme nicht zu weit auseinander stehen, denn sie bestimmen vermöge der Anheftungen von Bauchmuskeln die Breite des unteren Theiles des Bauches.

Südländer zeigen im allgemeinen kleinere Bäuche als Nordländer, weil sie sich von Jugend auf mit einer geringeren Menge von Nahrung begnügen können, und die Söhne der Reichen haben im allgemeinen kleinere Bäuche als die Söhne der Armen, weil sie bei einer nahrhafteren und deshalb weniger voluminösen Kost aufgezogen wurden. Im Uebrigen kommt sehr viel auf den Gesundheitszustand und die individuelle Entwickelung an. Wo der Bauch grössere Mengen von verdauten und unverdauten Nahrungsmitteln zu beherbergen pflegt, wo viel Darmgase vorhanden und die Bauchmuskeln schwach entwickelt sind, ist der Bauch immer schlecht.

Was das Detail anlangt, so ist die erste Bedingung, dass die Depression sichtbar sei, welche der sehnigen Partie der Bauchwand zwischen geraden und schiefen Bauchmuskeln entspricht. Da dies eine Depression und keine Furche ist, so lässt sich auch ihr Ort nicht haarscharf bestimmen, man wird sie aber finden, wenn man in der Höhe des Nabels den von vorne gesehenen Bauch der Quere nach in vier gleiche Theile eintheilt und um einen solcher Theile rechts und links vom Nabel entfernt nach ihr sucht. Man sieht sie hier von oben kommen, nahezu senkrecht herabsteigen, dann sich etwas nach innen wenden, so dass sie, wenn sie in der Höhe des Beckeneinganges überhaupt noch sichtbar ist, nach innen vom vorderen oberen Darmbeinstachel und in einiger Entfernung von demselben nach abwärts verfolgt werden kann. Häufig ist aber dieser untere Theil schon undeutlich, ohne dass man deshalb das Modell als unbrauchbar bezeichnen könnte.

Zur Deutlichkeit in ihrem oberen Theile trägt ein schön gerundeter Thoraxausgang wesentlich bei. An ihm entsteht zunächst eine vordere Hervorwölbung durch die aufsteigenden Zacken der geraden Bauchmuskeln, dann jederseits eine seitliche, durch den von den Rippen herabkommenden äusseren schiefen Bauchmuskel und zwischen beiden beginnt die erwähnte Depression mit dem Thoraxausgange. Sind die knorpeligen Rippen hier zu sehr nach aussen gebogen, so leidet auch die Zeichnung des Bauches.

Von weiteren Details ist zu nennen die Medianlinie des Körpers. Bei muskulösen Individuen findet sich längs des Brustbeines zwischen den Ansätzen der grossen Brustmuskeln eine Depression. Von dieser aus kann man mit mehr oder weniger Unterbrechung die Medianlinie nach abwärts verfolgen bis zum Nabel. Bei weiblichen antiken Statuen geht sie als Furche nicht über denselben hinaus, bei Heroengestalten aber ist sie oft auch noch zwischen Nabel und Schamberg markiert.

Diese dem Sehnenstreifen zwischen den geraden Bauchmuskeln beider Seiten, der sogenannten *Linea alba*, entsprechende Rinne ist bei verschiedenen Stellungen verschieden deutlich*) und kann bei Weibern gänzlich, d. h. auch in ihrem oberen Theile fehlen, ohne dass deswegen die Figur verwerflich wäre. So ist sie, nach einer mir vorliegenden Photographie zu urtheilen, an der Venus vom Esquilin nicht sichtbar. Wo sie aber am Modell vorkommt, hat sie der Künstler sorgfältig nachzubilden. Er würde sonst seine Figur nicht nur eines Schmuckes berauben, sondern auch auf einen Schriftzug verzichten, durch den er ihre Bewegung eindringlicher zur Anschauung bringen kann.

Bisweilen macht sich schon in aufrechter Stellung eine Linie bemerklich, welche in einiger Entfernung oberhalb des Nabels quer verläuft, oder statt derselben zwei quer liegende Depressionen, welche jederseits nach aussen von den geraden Bauchmuskeln liegen und im rechten Winkel mit den eben beschriebenen Längsdepressionen zusammenstossen. Diese Zeichnung entspricht dem Knick oder der Falte, welche entsteht, wenn sich das Individuum stehend nach vorne überbeugt, oder in gebeugter Stellung sitzt.

Bei muskulösen und dabei fettarmen Individuen können sich auch mehrere Sehnenstreifen, *Inscriptiones tendineae*,

---

*) Die Deutlichkeit der Rinne ist namentlich in ihrem unteren Theile wesentlich abhängig von der Action eines Muskels, des pyramidenförmigen Muskels des Bauches (*M. pyramidalis abdominis*). Er entspringt von den beiden Schambeinen zu beiden Seiten der Vereinigung derselben und von dieser selbst. Seine Fasern verlaufen beiderseits aufwärts und etwas nach innen, d. h. gegen die Mittellinie zu, und heften sich hier in dem fibrösen Gewebe der *Linea alba* an. Wenn sie sich also zusammenziehen, so ziehen sie die *Linea alba* nach abwärts und spannen sie dadurch an. Durch diese Anspannung aber senkt sie sich gegen ihre Umgebung ein und verursacht an der Oberfläche eine Rinne, weil sie einer geraden Linie zustrebt, welche man sich vom Schwertfortsatze des Brustbeines zur Schamfuge hin gezogen denken muss. Dass bei Weibern die Rinne seltener sichtbar ist und nicht so tief nach abwärts verfolgt werden kann, rührt hauptsächlich von der reichlichen Fettablagerung in den Bauchdecken her, theilweise auch von der schwächeren Entwickelung der Muskulatur.

der geraden Bauchmuskeln äusserlich auszeichnen. Sie sind an Antiken oft in einer Weise markiert, wie wir sie an gewöhnlichen Modellen nicht zu sehen Gelegenheit haben. Man muss aber berücksichtigen, dass die Bildhauer des Alterthums vielleicht Gelegenheit hatten, an berühmten Athleten Erfahrungen zu machen, welche uns fehlen. Dass die Querstreifen auch an mageren, selbst nur mässig muskulösen Individuen zu sehen sein können, zeigt beistehende, nach

Fig. 10.

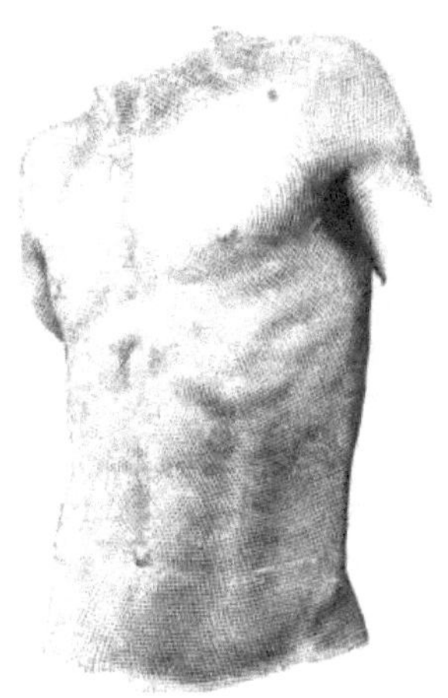

einer Photographie vom Lebenden reproducierte Abbildung (Fig. 10).

Die Abgrenzung des Bauches gegen den *Thorax* präsentiert sich je nach der Stellung sehr verschieden, verschieden, je nachdem die Zeichnung des unteren Thoraxumfanges auch in ihrem vorderen mittleren Theile hervortritt, oder hier durch Anspannung der geraden Bauchmuskeln, die sich an die Knorpel der fünften bis siebenten Rippe und an die seitlichen Partien des Schwertfortsatzes ansetzen, verwischt ist. Letzteres ist namentlich der Fall, wenn das Hüftgelenk des Standbeines bis zur Anspannung des *Ligamentum ilio-femorale* überstreckt ist, und bei geringer Beckenneigung das Gleichgewicht durch Verschieben des Beckens nach vorne hergestellt wird.

Für das Hervortreten aller dieser Einzelheiten ist es nothwendig, dass der Bauch nicht zu fettreich sei. Aber ideale Männerfiguren werden ja überhaupt selten fettreich dargestellt. Eine Ausnahme machen Bacchusfiguren, denen bisweilen trotz jugendlicher Schönheit eine gewisse Fülle gegeben wird; aber auch bei ihnen darf die Fettablagerung nicht von der Art sein, dass die Einzelheiten der Modellierung des Bauches ganz verwischt werden, sondern nur so, dass dieselben schwächer und in weicheren Formen hervortreten.

Das Fett des Bauches darf überhaupt nicht reichlicher sein, als es in Uebereinstimmung mit den weicheren Formen des übrigen Körpers sein muss. Man hat dabei immer die Verhältnisse von jugendlichen Individuen im Auge zu behalten und sich wohl zu hüten, dass man sich nicht dem Typus älterer Männer annähere, bei denen die Menge des in den Bauchdecken abgelagerten Fettes relativ zu dem an Armen und Beinen abgelagerten zugenommen hat.

So vortheilhaft für den männlichen Bauch ein gewisser Grad von Fettarmuth ist, so nachtheilig ist für ihn Magerkeit im weiteren, im vulgären Sinne des Wortes, d. h. Magerkeit, bei der auch die Muskeln dürftig entwickelt sind. Hier ist der Bauch nicht nur schlecht durch den Mangel an Zeichnung und Bewegung, die ja durch die Muskeln hervorgerufen wird, sondern sein unterer Theil wird auch noch durch das Hervortreten der Darmbeinkämme entstellt.

Wir sind durch unsere Modelle und durch unsere Erfahrungen auf Badeplätzen so sehr an Männergestalten mit dürftig entwickelter Muskulatur und schwächlichem *Thorax* gewöhnt, dass wir leicht geneigt sind, die Alten der Uebertreibung zu beschuldigen. Namentlich die Knollen am oberen Ende des Bauches und der unteren Partie des Brustkorbes werden oft leichthin für Phantasiegebilde erklärt. Aber man muss hier in seinem Urtheil vorsichtig sein. Man betrachte nur untenstehenden Holzschnitt (Fig. 11). Er ist nach der Photographie eines kräftigen, aber keineswegs herkulischen Mannes geschnitten. Es sind hier dieselben Dinge ausgeprägt, wie bei den antiken Heroengestalten, nur schwächer. Sollten die Alten nicht Modelle

Fig. 11.

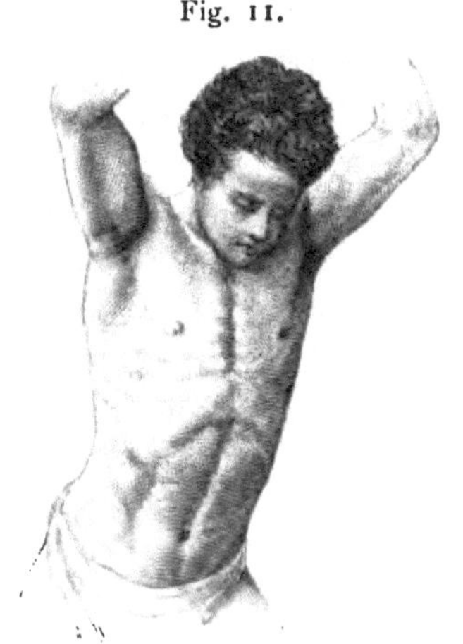

gehabt haben, an denen sie das sahen, was sie in Marmor bildeten?

Wie soll der Nabel beschaffen sein? Wir unterscheiden einen hervorragenden und einen eingesenkten Nabel. Der erstere war den Griechen keineswegs unbekannt, aber sie gaben dem letzteren den Vorzug. Die Aegineten zeigen zwar einen mässig convexen Nabel, aber die Convexität desselben ist doch so in seine Umgebung eingesenkt, dass sie nicht über das Niveau der Bauchwand hervorragt.

In der That ist der hervorragende Nabel auch heutzutage nicht nur der seltenere, sondern auch der schlechtere, denn hier ist der Nabelring schlechter geschlossen als beim eingesenkten. Wäre der Verschluss noch schlechter, der Nabelring noch weiter, so würde damit ein krankhafter Zustand, ein sogenannter Nabelbruch, gegeben sein. Auch wo von solchem noch nichts vorhanden ist, kann man mit dem Finger den Rand des unvollkommen geschlossenen Nabelringes fühlen. Wenn der Mensch auf dem Rücken liegt, so sinkt der convexe Nabel ein, oder kann doch leicht eingedrückt werden. Lässt man ihn aber aufstehen oder, wie zum Stuhlgange, drücken, so tritt der Nabel wieder hervor. Hiedurch wird der mangelhafte Verschluss, die Communication mit der Bauchhöhle, direct bewiesen.

Der Ort des Nabels darf nicht bestimmt werden nach der Längeneintheilung der ganzen Figur, wie dies von Künstlern geschieht, die gewissen Messungsmethoden, bei denen der Nabel als Messpunkt dient, folgen. Er kommt dadurch bei kurzbeinigen Figuren zu hoch, bei langbeinigen zu tief zu liegen. Der Ort des Nabels hat nichts zu thun mit der Länge der Beine und muss ausschliesslich bestimmt werden nach den Maassen des Rumpfes. Ein hochstehender Nabel ist von besserer Wirkung als ein tiefstehender. Im allgemeinen steht der Nabel bei schwächerer Beckenneigung höher als bei starker.

Für den weiblichen Bauch gelten dieselben allgemeinen Grundsätze, nur hat man hier von vorneherein mit einem grösseren Fettreichthume zu rechnen. Dass der weibliche Bauch auch klein sein soll, wird nicht allgemein zugegeben. Von manchen wird ein etwas stärker hervorragender rundlicher Bauch für ein Attribut jungfräulicher Schönheit gehalten, das im späteren Leben des Weibes nicht mehr in solcher Gestalt zu finden sei. Man versuche aber nur, dieses Attribut in Marmor oder Erz nachzubilden, wie dies ja öfter versucht worden ist, und man wird sich bald von dem Misserfolge überzeugen. Die deutsche Renaissance weist solche Figuren auf, aber sie machen einen schlechten Eindruck.

Auch der Maler, der sich sonst doch mehr erlauben darf, scheitert hier. Das hat selbst ein Meister wie Giovanni Bellini erfahren. Man sehe seine allegorische Figur Nr. 236 in der Pinacotheca Contarini (Venedig, Akademie der bildenden Künste) an und frage sich, ob man sie billigt. Oder sollte es hier die Absicht des Meisters gewesen sein, eine Schwangere darzustellen? Der kunstgeschichtliche Name der Figur, *la nuda verità*, würde dann passend mit »Aufrichtigkeit« zu übersetzen sein. Es ist dies nicht unmöglich, denn sie hält ein *tondo* in der Hand, in dem sich ein Männerantlitz spiegelt.

Bei dem für Idealfiguren verwendbaren Modell müssen sich die beiden Längsdepressionen nach aussen von der Scheide der geraden Bauchmuskeln wiederfinden, welche ich beim Manne erwähnt habe. Nach unten zu gehen dieselben beim Weibe am besten in eine Art von vertiefter Fläche, in eine Art von Thalfläche aus, deren oberer Anstieg ein Kreisstück bildet, in dessen Centrum oder etwas darüber oder darunter der Nabel liegt. Diese Thalfläche wird seitlich nach unten von der Becken-Schenkellinie begrenzt und in der Mitte folgt nach abwärts ein zweiter Anstieg, der Anstieg zum Schamberge, zum *Mons Veneris*.

Die rundliche Erhebung um den Nabel wird durch eine hier bei den Weibern in der Regel vorhandene Fettablagerung bedingt, wie solche auch in dem *Mons Veneris* in grösserer oder geringerer Menge gefunden wird. Wenn der Künstler diese Configuration festhält, so wird er sich am besten in den oft schwer verständlichen Formen zurecht finden.

Es muss indessen erwähnt werden, dass die Einsenkung zwischen Bauch und Schamberg bei jugendlich schlanken Gestalten oft sehr flach ist, ohne dass dies als ein Fehler betrachtet werden kann. Bei der Anadyomene von Sandro Botticelli (Florenz, Ufficien) ist sie deutlich ausgeprägt, obgleich dieselbe sicher nach einem langgewachsenen Modell getreulich copiert ist, aber an den Grazien der Dombauwerkstätte von Siena sieht man wenig davon. Die Venus vom Esquilin, die ebenso jugendlich ist, aber ein kleineres und etwas volleres Modell verräth, zeigt sie in prägnanter Weise. Hier wird sie auch noch durch die Stellung hervorgehoben, aber diese ist es nicht allein, denn die Depression ist stärker als an der gleichfalls nach vorne geneigten und offenbar weiter entwickelten capitolinischen Venus. Die jungfräuliche Configuration des Bauches wird verwischt durch Schwangerschaft und Geburten. Infolge derselben werden die Bauchdecken bisweilen so dünn und schlaff, dass sich die Formen der unter ihnen liegenden Darmschlingen in der Oberfläche ausdrücken und deren Bewegungen sichtbar sind.

Auch wo dies nicht der Fall ist, verschwindet entweder die locale Fettanhäufung der Nabelgegend, oder sie geht in eine allgemeine Fettdecke über, welche den Bauch in ganzer Ausdehnung und mehr gleichmässig überzieht, wenn sie auch in einiger Entfernung vom Nabel am dicksten bleibt.

Nach der Ausdehnung, welche die Haut und das darunter liegende Bindegewebe während der Schwangerschaft erlitten haben, erlangen sie selten ihre frühere Straffheit wieder, und es ist deshalb begreiflich, dass auch das Fett, welches sich hier ablagert, nicht so fest wie früher an Ort und Stelle gehalten wird. Wenn es in grosser Menge vorhanden ist, zieht es durch seine Schwere die Haut des Bauches nach sich und kann so den Bauch hängend machen.

Doch sind so weitgehende Veränderungen keineswegs die Regel; auch braucht ein Bauch dadurch, dass eine Geburt stattgefunden hat, nicht bleibend entstellt zu sein. Die sogenannten Schwangerschaftsnarben, narbenähnliche Einsenkungen von länglicher, meist rhombischer Gestalt in der unteren Bauch- und Leistengegend, sind zwar in der Regel, aber nicht immer vorhanden. Seltener findet man die sogenannte *Linea fusca*, eine bräunliche Linie, die vom

Schamberge gegen den Nabel aufsteigt. Diese und die anderweitigen Entstellungen können mit der Zeit wieder schwinden. Dies kann in solchem Grade geschehen, dass der Gerichtsarzt, der sein Gutachten abzugeben hat, ob eine Person bereits geboren habe oder nicht, in manchen Fällen durch den blossen Habitus in Zweifel gelassen werden könnte, wenn ihm nicht die nähere Untersuchung der Geburtstheile die richtige Antwort gäbe. Dies ist in der gerichtlichen Medicin allgemein anerkannt.

Die Büste stellt sich freilich wohl nie zum jungfräulichen Ideale wieder her, aber die Abweichung von demselben ist in dem ernsten Fache des Gerichtsarztes von keinem Werte, wenn keine unzweideutigen Veränderungen an den Brustwarzen oder am Warzenhofe vorhanden sind. Jeder erfahrene Künstler weiss, dass auch bei jungen Modellen, die noch nicht geboren haben, die Brust oft viel zu wünschen übrig lässt. Ihr frühzeitiger Verfall beruht theils auf natürlicher Schlaffheit des Bindegewebes bei stark entwickelter Drüsenmasse, theils auf mangelnder Derbheit der Haut, theils auf Abmagerung nach vorhergegangener Fettanhäufung, beziehungsweise auf Neuablagerung von Fettmassen. Trotz aller Restitutionen ist ein Modell, welches bereits geboren hat, wenn es sich nicht bloss um den Gebrauch für einzelne Körpertheile handelt, da immer bedenklich, wo Idealfiguren dargestellt werden sollen, auch solche, die bestimmt sind, uns in Zweifel zu lassen, ob Weib, ob Jungfrau. Nur da ist ein solches Modell, und zwar als einziges, am Platze, wo das Weib, beziehungsweise die Mutter, hervorgehoben werden soll, wie dies zum Beispiel in der Nacht des Michel Angelo mit grosser Absichtlichkeit geschehen ist und wie es auch bei manchen Evagestalten geschieht.

Eine wesentliche und höchst abscheuliche Entstellung erfährt der weibliche Bauch durch frühzeitigen Gebrauch des Mieders, des Schnürleibes. Einerseits wird dadurch mit dem unteren Theile des Brustkorbes auch der obere Theil des Bauches verunstaltet, andererseits werden die Weichen weggeschnürt. Die Linie der Weichen soll convex verlaufen und sich entweder direct und ohne Unterbrechung in die zum Rollhügel hinabsteigende Hüftlinie fortsetzen, oder es soll durch den Darmbeinkamm eine leichte Erhebung hervorgebracht werden, unter der dann eine seichte Einbiegung liegt. Wenn aber die Weichen weggeschnürt sind, so ragt der Darmbeinkamm wie eine Leiste hervor, die bisweilen bis zum vorderen oberen Darmbeinstachel verfolgt werden kann. Eine noch weitergehende Entstellung besteht darin, dass Haut und Fett des Bauches nach abwärts gedrängt werden und hier einen Wulst über dem Beckenrande bilden, der seitlich tiefer herabragt als in der Mitte. Selbst an der Leiche sind diese Verunstaltungen noch deutlich erkennbar und unter dem in der Mittellinie bemerkbaren Ausschnitte findet das Messer den *M. pyramidalis abdominis.* Mit der Wirksamkeit dieses Muskels scheint die seltsam hässliche Form zusammenzuhängen, welche die Entstellung annimmt.

Ein tiefstehender Nabel macht bei weiblichen Figuren einen noch schlechteren Eindruck als bei männlichen. Der Ort des Nabels wird am besten bestimmt, wenn man seine Entfernung von der Halsgrube, also vom oberen Ende des Brustbeines, vergleicht mit seiner Entfernung von dem Punkte, wo sich die beiden Linien der Schenkelbeugen treffen, der also zugleich der Anfang des Schenkelspaltes ist.

Wenn man die letztere Entfernung gleich 100 setzt, so beträgt die erstere bei den Grazien in der Dombauwerkstätte zu Siena 174, ebensoviel bei der Venus im Vatican, welche in der Rechten ihr Haar, in der Linken ein Salbenkrüglein hält. Bei der Venus des Sandro Botticelli ist die Zahl 167, bei einem von Schadow gemessenen Frauenzimmer von 5 Fuss 3½ Zoll Länge 162, bei der von ihm aufgerichteten medicäischen Venus 160 und bei einem von ihm gemessenen Frauenzimmer von 5 Fuss 6 Zoll Höhe nur 157. Zwischen diesen Verhältnissen kann man wählen, denn auch bei den sieneser Grazien steht der Nabel noch nicht zu tief. Freilich möchte dies Verhältnis nicht mehr günstig sein, wenn bei ihnen und bei der erwähnten Venus die Linie der Schenkelbeugen nicht einen so stumpfen Winkel mit einander machten.

Wenn die Grenze zwischen dem Bauche und dem Schamberge bei aufrechter Stellung deutlich ist, so besteht ein oft geübtes Verfahren darin, dass man eine gerade Linie von der tiefsten Stelle derselben zur Halsgrube zieht und auf dieser den Nabel so anbringt, dass seine Entfernung von der Halsgrube doppelt so gross ist, als die von der Grenze zwischen Bauch und Schamberg.

Fig. 12.

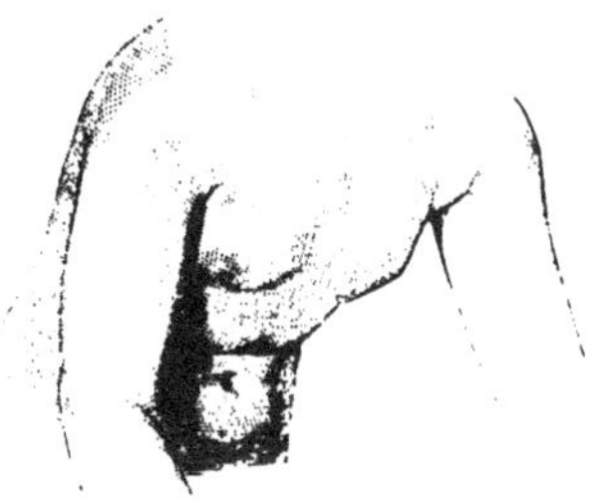

Die Stellung des Nabels ist aber bei einem und demselben Individuum wesentlich abhängig von der Körperhaltung. Wenn der Rumpf in den Hüften geneigt wird, also die Beckenneigung zunimmt, so tritt der Nabel nach abwärts. Das Gegentheil tritt ein, wenn das Becken bis zur Spannung des *Ligamentum ilio-femorale* aufgerichtet wird. Wenn aber der Rumpftheil der Wirbelsäule gebeugt wird, was wesentlich in den Lendenwirbeln geschieht, so rückt der Nabel relativ nach auswärts, indem sich ihm das Brustbein nähert, also die Entfernung vom Nabel zur Halsgrube verkürzt wird.

Wenn der Körper in den Lendenwirbeln vornübergebeugt wird, so entsteht in den Bauchdecken oberhalb des Nabels ein quer verlaufender Knick, wie ihn die sogenannte Danaïde des Vaticans zeigt, in der ich, beiläufig gesagt, nichts Anderes sehen kann, als ein Frauenzimmer, das sich waschen will (Fig. 12). Auch die schöne Figur der Susanna auf Lauritz Tuxen's Bild, »Susanna im Bade«, bringt ihn in vortrefflicher Weise zur Anschauung. Fig. 13 zeigt ihn nach einer Photographie eines weiblichen Modells.

Dieser selbe Knick entsteht auch beim Sitzen mit vorgebeugtem Körper. Er entsteht dadurch, dass der un-

Fig. 13.

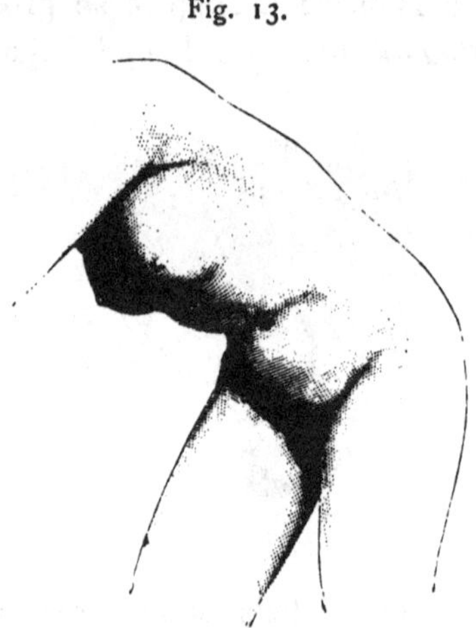

terste Theil des Brustkorbes mit den Lendenwirbeln sich nach rückwärts bewegt und die Bauchdecken nach sich zieht. Bei jungen fettarmen Mädchen ist es einfach ein Knick, unter dem sich der Bauch hervorwölbt, während die Haut oberhalb des Knickes eine Fläche bildet, indem sie von einer Seite des unteren Thoraxumfanges zur anderen hingespannt ist.

Wo aber etwas mehr Fett abgelagert ist, da entsteht statt des Knickes eine Falte und diese ist bei auch nur mässig vollem Körper die Regel, aber keine Regel ohne Ausnahme. Wo sie bei einem sonst für den Zweck des

Künstlers hinreichend vollen Körper nicht vorhanden ist, sondern der Knick als solcher rein und offen daliegt, da ist dies sicher als eine wesentliche Schönheit zu betrachten und ist auch schon von namhaften Künstlern als solche gewürdigt worden, so vom Moretto da Brescia in seiner um den todten Adonis trauernden Venus in der Gallerie der Ufficien, Nr. 592.*)

Eine zweite Falte, welche bei grösserer Fettleibigkeit sichtbar wird, springt oft, aber nicht immer, vom Nabel aus nach rechts und links ein, und hat nur einen kurzen Verlauf. Ist noch mehr Fett zwischen Brustbein und Nabel abgelagert, oder ist die Haut besonders schlaff, so erscheinen statt der früher erwähnten einen Falte über dem Nabel deren zwei. Bei Frauen, die schon geboren haben, kann sich ihre Anzahl noch vermehren, aber der Künstler darf sich nicht verführen lassen, solche faltige Bäuche zu copieren, auch nicht durch Michel Angelo's Nacht, über deren Bauch vier Querfalten hinlaufen, zwei über dem Nabel und zwei unter dem Nabel. Hier handelte es sich nicht darum, Schönheit darzustellen, sondern die Figur als Mutter zu charakterisieren. Michel Angelo hat dies mit einer Kühnheit gethan, die niemandem zu empfehlen ist, der nicht auch über eine solche Wunderkraft, wie dieser Meister, gebietet.

Furchen, Rillen oder gar Falten, welche zwischen dem Nabel und der Schamberg-Beckenlinie verlaufen, darf der Künstler nie reproducieren, auch nicht, wenn sie bei sonst sehr schönen und jugendlichen Modellen vorkommen, denn sie gehören nicht der normalen Entwickelung des menschlichen Körpers an, sondern sind Folgen unzweckmässiger Kleidung, namentlich des Mieders.

---

*) Ich habe mich in Rücksicht auf den Autor an den Katalog gehalten. Crowe und Cavalcaselle und Lermolieff schreiben das Bild übereinstimmend dem Sebastiano Luciani zu.

V.

Der Rücken.

Für die Schönheit des Rückens sind hauptsächlich drei Dinge massgebend: die Biegung der Wirbelsäule, das Anliegen der Schulterblätter und die Gestalt des Brustkastens. Die Biegung der Wirbelsäule ändert sich mit der Stellung, aber im Brusttheile ist dies nur in beschränktem Grade der Fall. Abgesehen von geringen Veränderungen, welche die Athembewegungen hervorbringen, ist hier die Biegung ziemlich constant, namentlich bei alten Leuten. Es ist dies die Folge der Verbindung jedes einzelnen Wirbels mit dem ganzen Brustkorbe, dessen einzelne Theile mit den Jahren immer weniger biegsam werden. Die hauptsächlichsten Bewegungen finden statt im Halstheile und im Lendentheile der Wirbelsäule und erstrecken sich von letzterem rasch abnehmend auf den Brusttheil, in dem die unteren Brustwirbel noch mehr Beweglichkeit gegen einander haben als die übrigen.

Diese Beschränkung der Bewegung auf den Lendentheil bezieht sich zunächst auf die Streckung und das Einziehen des Rückens. Bei seitlichen und drehenden Bewegungen wirken auch Gestaltveränderungen in anderen Theilen mit. Siehe darüber Langer (l. c. S. 181). Die Figur der Krümmung der Wirbelsäule beim aufrechtstehenden Menschen ist so bekannt, dass ich nicht nöthig habe, näher auf dieselbe einzugehen. Es handelt sich wesentlich nur um den Grad derselben. In Rücksicht auf diesen können die antiken Bildwerke von der Glanzperiode der griechischen Sculptur bis zum Verfalle der heidnischen Kunst Roms als mustergiltig betrachtet werden. Einige archaische Kunstwerke Griechenlands, wie der Apoll von Tenea, zeigen eine übertriebene Einsenkung des Lendentheiles der Wirbelsäule, die nicht zur Nachahmung zu empfehlen ist. Zum Theil mag dieselbe ihren Grund in der steifen und gezwungen aufrechten Haltung der Figur finden. Je mehr der Körper aufgerichtet wird, umsomehr rückt der Schwerpunkt desselben nach rückwärts. Die Senkrechte aber, welche man sich durch den letzteren gezogen denkt, die Schwerlinie, darf nicht hinter die Fersen fallen, weil sonst das Stehen unmöglich würde. Es wird also der Lendentheil der Wirbelsäule eingebogen und dadurch der mittlere Theil des Rumpfes mehr nach vorne gedrängt, um ein Gegengewicht zu schaffen. Das militärische: Bauch herein! Brust heraus! entspricht keiner natürlichen Haltung, sondern muss erst durch Dressur erzielt werden.

Die Meister der Renaissance sind in Rücksicht auf den stärkeren Schwung in der Biegung der Wirbelsäule oft etwas über die antiken Muster hinausgegangen, ohne dass man ihnen zu folgen braucht. Es ist übrigens schwer, hier bindende Regeln zu geben, denn bei der wesentlichen Rolle, welche die Linie der Wirbelsäule einer Figur in den grossen Linien einer Composition spielen kann, ist gelegentlich durch die Rücksicht auf die letzteren eine stärkere Biegung gerechtfertigt.

Je mehr Beweglichkeit dem Modell im Brusttheile seiner Wirbelsäule geblieben ist, um so besser ist es. Es gilt dies namentlich von der seitlichen Beweglichkeit.

Hier ändern die Athembewegungen nichts; wohl aber das Heben und Senken der Schultern, z. B. beim Hinaufreichen des rechten Armes nach einem hochgelegenen Gegenstande, einer Frucht, während der linke Arm herabhängend eine mässige Last trägt, z. B. einen Korb, der schon theilweise mit Früchten gefüllt ist. Je mehr hier die seitliche Beweglichkeit der Wirbelsäule erhalten ist, um so schöner drückt sich die durch die Bewegung entstehende geschwungene Linie des Rückgrats aus. Man sieht sie z. B. an Giovanni da Bologna's Römer, der die geraubte Sabinerin in die Höhe hält. (Florenz, Loggia dei lanzi.)

Auch das Vermögen, die Wirbelsäule in der Axe zu drehen, so dass die Querdurchmesser in den Schultern und im Becken nicht mehr in einer Ebene liegen, nimmt mit den Jahren ab, und es ist immer ein Vorzug des Modells, wenn dieses Vermögen noch in ausgedehntem Grade erhalten ist.

Der zweite wesentliche Punkt für die Schönheit des Rückens ist das Anliegen der Schulterblätter. Es versteht sich von selbst, dass bei sehr muskulösen Individuen die Schulterblätter vermöge ihrer stark entwickelten Muskulatur zu beiden Seiten der Wirbelsäule bedeutende Hervorragungen bilden, wie man dies an dem Henker auf dem Rafael'schen Urtheile Salomonis im Vatican sieht, welches den Henker von rückwärts zeigt.

Dies thut der Schönheit keinen Abbruch, wenn jene Hervorragungen durch die Muskeln, welche sich an den hinteren Rand, an den oberen Winkel und an die Gräte oder Leiste des Schulterblattes heften, organisch verbunden sind mit der Medianfurche des Rückens und mit dem Nacken. Für uns handelt es sich um etwas Anderes: Bei manchen Individuen zeichnet sich die hintere Kante des Schulterblattes aus, indem sie, die an sie gehefteten Muskeln nach sich ziehend, unter der Haut eine dachförmige Hervorragung bildet, und das ist entschieden hässlich. Wenn solche Individuen den Arm schlaff herabhängen lassen, so sieht man, wie sich die Kante schief richtet und nun der untere Winkel des Schulterblattes in hässlicher Weise hervorragt. Es ist dies keineswegs blosse Folge von Magerkeit. Es gibt ganz magere Personen, bei denen es nicht der Fall ist, und andererseits fette, bei denen man die schlechte Lagerung des Schulterblattes durch die Fettbedeckungen hindurchsieht.

Ein magerer, das heisst ein fettarmer Rücken kann ganz tadellos sein, nicht nur ein männlicher, sondern auch ein weiblicher; nur muss er in letzterem Falle eine Oberfläche darstellen, in welche zwar Verschiedenes eingegraben ist, aus der aber nichts hervorragt. Man mag dies auf den ersten Anblick für einen Widerspruch halten und sagen, es könne keine Thäler ohne Berge geben. Doch dieser Widerspruch ist nur ein scheinbarer. Jeder, der ein Terrain zu beschreiben weiss, wird unterscheiden zwischen einer Ebene, aus der einzelne Hügel und Hügelketten hervorragen, und einer Ebene, die von einzelnen Thälern und Senkungen durchfurcht ist. Es handelt sich eben darum, dass die Dinge, welche die charakteristische Zeichnung bilden, sich das eine Mal über das Gesammtniveau erheben, das andere Mal unter das Gesammtniveau senken. An einem solchen mageren Rücken muss man das Spiel der Muskeln unter der Haut sehen, aber keine hervorragenden Ecken und Kanten von Knochen. Ich erinnere daran, dass ich hier unter einem mageren Rücken nur einen fettarmen verstehe; denn ein solcher, an dem auch die Muskeln nicht gehörig entwickelt sind, ist unter allen Umständen hässlich.

Wenn ein gut gebauter Rücken mit einem mässigen Fettpolster überzogen ist, so zeichnet sich gewöhnlich zu beiden Seiten der Medianfurche in der Schultergegend eine seichte längliche, von oben nach unten erstreckte Vertiefung, eine längliche Grube aus. Diese Grube entspricht einer Vertiefung nahe dem hinteren Rande des Schulterblattes, welche sich zwischen dem Ursprunge des Untergrätenmuskels (*Musculus infraspinatus*) des Schulterblattes einerseits und dem Ursprunge des grossen rautenförmigen Muskels (*Musculus rhomboideus major*) andererseits befindet. Obgleich sie nicht nur von der Haut und dem Fettpolster, sondern auch noch von den Fasern des Mönchskappenmuskels bedeckt wird, so ist sie dennoch häufig äusserlich sichtbar und muss sorgfältig nachgebildet werden, da sie wesentlich ist für die Gliederung der Rückenfläche und ihre Einförmigkeit unterbricht. Ihr deutliches Erscheinen zeugt zugleich für eine gut entwickelte Muskulatur, da sie sich um so mehr vertiefen muss, je mehr die neben ihr liegenden Muskeln hervortreten.

Am deutlichsten zeigt sich die Grube, wenn der Arm im Schultergelenke activ nach aussen gerollt wird, weil dann der Untergrätenmuskel des Schulterblattes sich contrahiert und anschwillt. Dagegen glättet sie sich aus, wenn die Arme nach vorne gekreuzt werden, weil man dabei den Oberarm nach innen rollt und zugleich durch Verschieben der Schultern nach vorne den rautenförmigen Muskel ausdehnt und dadurch verflacht.

Das dritte wesentliche Moment für die Schönheit des Rückens ist die Gestalt des Brustkorbes. Derselbe darf weder von oben nach unten mehr als gewöhnlich kegelförmig auseinandergehen, noch darf er in seinem unteren Umfange unnatürlich verengert sein. Letzteres ist beim weiblichen Geschlechte häufig der Fall infolge von frühzeitigem Tragen von Schnürleibern. Ich sage infolge von frühzeitigem Tragen derselben; denn dies ist viel verderblicher als das Anlegen eines solchen Apparates nach vollendetem Wachsthum in Höhe und Breite. In Rücksicht auf die Höhe wird die Grenze bekanntlich früher erreicht, als in Rücksicht auf die Breite. Für letztere kann man gar keine bestimmte Grenze unter 50 Jahren angeben, da hier bekanntlich nicht die Knochen allein, sondern auch die Weichtheile in Betracht kommen. Aber darum handelt es sich hier nicht. Es handelt sich hier nicht um ein Breiterwerden durch Fettzuwachs, sondern um die Breitenzunahme in Schultern und Hüften durch Knochenwachsthum, und dieser findet beim weiblichen Geschlechte bei uns in der Regel mit 20 Jahren oder etwas früher seinen Abschluss.

Wird das Schnürleib erst in dieser späten Periode angelegt, so kann es nicht so bald, nicht in der Zeit, wo das Individuum überhaupt noch als Modell zu gebrauchen ist, den Rücken desselben verderben. Es genügt dann, dass das Schnürleib für einige Zeit abgelegt werde, um die früheren Formen wieder herzustellen. Weniger lässt sich dies vom Bauch behaupten, der leicht auch später noch bleibend deformiert wird, namentlich durch einen oder mehrere garstige Querfalten in der Unterbauchgegend. Schlimmer sind die Verwüstungen, welche das Schnürleib, und zwar nicht nur für den Bauch, sondern auch für den Rücken bei denen anrichtet, welche es schon vor oder während der Entwickelung angelegt und auch thatsächlich für ihre Toilettenzwecke benützt haben. Diese sind als Modelle unbrauchbar.

Den verschnürten Körper erkennt man in seiner Rückenansicht leicht an dem Abfall, der sich in der unteren Thoraxgegend zu beiden Seiten der Wirbelsäule zeigt, und an der dadurch bewirkten Verschmächtigung, die sich dann, wenn man weiter nach abwärts geht, krass gegen die durch das knöcherne Beckengerüst in ihrer Lage erhaltenen Hüften absetzt.

Ein solcher Rücken ist widerwärtig hässlich, und man würde kaum glauben, dass es einem Künstler einfallen sollte ihn darzustellen, wenn nicht doch einzelne Beispiele davon existierten.

Im allgemeinen hört man die Künstler weniger über den Mangel an guten Modellen für den Rücken klagen, als über Mangel an guten Modellen für die Brust, für den Bauch und für die Füsse. Es ist dies auch begreiflich, denn abgesehen vom Corset und vom Binden schwerer Röcke oberhalb der Hüften, bringen die Lebensgewohnheiten der jetzigen Mädchen nichts mit sich, was den Rücken besonders schädigte, und während für Bauch und Brust mit den fortschreitenden Jahren die Schönheit so leicht verloren geht, ist dies für den Rücken in viel geringerem Grade der Fall.

Bei den Antiken findet man oft einen etwas gerundeten Rücken und vorgebeugten Nacken, eine Haltung, die man bei einem Mädchen in Kleidern nicht für elegant halten würde. Erst in der römischen Kunst erscheint häufiger die aufrechte Haltung, wie sie die Jetztzeit von den Mädchen verlangt.

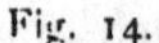

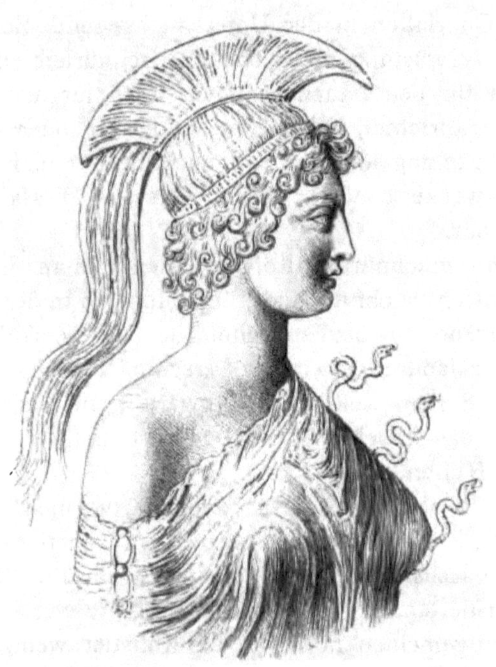

Vorstehender Holzschnitt (Fig. 14), nach einem Stich in „*Gorii Mus. Florentinum*“, Band II, zeigt das in einen Sardonyx geschnittene Bild der Göttin Roma. Es ist in dieser Beziehung sehr charakteristisch. Hier hat auch der Brustkorb eine Wölbung, wie sie an griechischen Bildwerken nicht gerade häufig vorkommt.

Es liegt der Haltung der griechischen Frauengestalten theilweise die Absicht zu Grunde, den Hals in möglichst vortheilhafter Gestalt zu zeigen, wie ich dies an betreffender Stelle erörtert habe. Die Alten unterschieden auch. Man findet die früher beschriebene Haltung wesentlich an Venusgestalten und an genrehaften Figuren, während die Juno- und Minervagestalten stolzer aufgerichtet sind. Auch zeichnen sich die archaischen und archaistischen Figuren durch eine mehr gerade, bisweilen etwas steife, oft aber auch feierliche und imposante Haltung aus.

Wenn man den Rücken einer aufrechtstehenden Person oder einer Statue betrachtet, so kann man die zwischen den Schultern herabsteigende Rückgratslinie leicht nach abwärts verfolgen, bis sie in der Kreuzbeingegend angelangt undeutlich wird. Hier findet man zu beiden Seiten von derselben in einiger Entfernung Gruben, welche in senkrechter Richtung eine grössere Ausdehnung haben als in horizontaler; sie sind mehr oder weniger länglich von oben nach unten erstreckt. Die Hervorwölbungen, welche zwischen ihnen und der Rückgratslinie liegen, rühren von der untersten Partie der Rückenmuskeln her, welche sich an das Kreuzbein befestigt, eventuell auch von aufgelagertem Fett.

Von diesen Gruben verläuft schräg nach unten und innen jederseits eine Linie gegen den Spalt zwischen den beiden Hinterbacken, wo beide am Beginne desselben einander treffen. Diese Linien sind entweder in ihrer ganzen Ausdehnung erkennbar, oder sie sind doch so weit angedeutet, dass man sie leicht ergänzen kann. Was nach oben und innen von ihnen liegt, gehört den Rückenmuskeln an und den mit denselben verbundenen Sehnen und deren Ansätzen, was nach abwärts und nach aussen von ihnen liegt, den Gefässmuskeln. Durch diese Linien wird ein Dreieck gebildet, das nach oben gegen den Rücken durch veränderte Neigung mehr oder weniger deutlich abgegrenzt ist, und das Kreuzbeindreieck, Sakraldreieck genannt wird. Dasselbe kann verschieden gestaltet sein, je nach der Beckenneigung, je nach der Form des Kreuzbeines und der anstossenden Darmbeine und je nach der Fettablagerung. Es kann eine convexe Fläche darstellen, es kann flach sein, es kann selbst noch wieder eine mittlere oder zwei seitliche Depressionen zeigen, aber immer muss es erkenntlich und vom Künstler in seinen Einzelnheiten mit Verständnis durchgeführt sein, wenn es sich um die Rückenansicht eines jugendlichen und wohlerhaltenen Körpers handelt, gleichviel, ob es ein männlicher oder ein weiblicher ist.

Sehr schön zeigt es auf den drei Grazien von Rafael diejenige, welche dem Beschauer den Rücken zukehrt.

Auch der Forster'sche Stich nach diesem Gemälde gibt es gut wieder, und dieser ist durch die Heliogravure in den Blättern für vervielfältigende Kunst in weitesten Kreisen verbreitet worden.

Befremdend ist mir die offenbare Nachlässigkeit, mit der dieser Theil an einer der herlichsten Antiken, an der capitolinischen Venus, behandelt ist. Man muss fasst glauben, dass derselbe schon bei der ursprünglichen Aufstellung den Blicken entzogen war. Ich urtheile so nach dem Gypsabgusse, der sich in Wien in der Akademie der bildenden Künste befindet. Ich habe, seit ich den Mangel bemerkt, keine Gelegenheit mehr gehabt, das Original zu vergleichen.

VI.

Das Becken und seine Verbindung mit dem Rumpfe und den Oberschenkeln.

Wenn man die antiken männlichen Statuen betrachtet, so wird man an ihnen eine grosse Übereinstimmung finden in Rücksicht auf den Schnitt der sogenannten Beckenlinie, der Linie, welche von den Hüften gegen die Schamtheile hinabsteigt. Sie ist wesentlich dieselbe auf archaischen Bildwerken, auf Werken der Blüthezeit griechischer Sculptur und auf Werken der römischen Bildnerei aus der Kaiserzeit bis zum gänzlichen Verfalle der heidnischen Kunst.

Man wird aber diesen im Alterthume durch so viele Jahrhunderte befolgten Schnitt nicht so leicht wiederfinden, wenn man lebende Modelle untersucht. Zunächst findet man dort, wo man an Antiken über dem Darmbeinkamme*) eine mehr oder weniger starke Hervorragung sieht, bei jugendlichen, schlanken und wohlgebauten Männern, wie sie die antiken Statuen und Reliefs darstellen, keine solche, häufig sogar eine Einsenkung, welche indessen etwas höher liegt als der Weichenwulst bei den Antiken, indem letzterer, wie wir später sehen werden, den Darmbeinkamm noch mit einschliesst, während die Einsenkung, wo wir sie an Lebenden sehen, immer über der Höhe des Darmbeinkammes liegt.

*) Das obere Stück des Hüftbeines heisst Darmbein. Die Ausdrücke Hüftbeinkamm und Darmbeinkamm sind dadurch gleichbedeutend.

Die erwähnte Verschiedenheit steht im Zusammenhange mit einer zweiten nicht minder auffälligen. Wenn wir das lebende Modell vor uns haben, so sehen wir, dass die Beckenlinie, vom Darmbeinkamme herabkommend, eine leichte Schwingung macht, indem sie der Inguinalfalte folgt, d. h. derjenigen Falte, welche, wenn wir den Oberschenkel beugen, und zugleich nach innen gegen die Mittelebene des Körpers zu bewegen, zwischen dessen Innenseite und der unteren Bauchgegend einspringt. Dann verliert sie sich in den Schamhaaren. Als ihre Fortsetzung, aber nicht mehr zur Beckenlinie gehörig, kann man die Linie betrachten, welche zwischen Schenkel und Hodensack herabsteigt und dann den ersteren gegen den Damm, d. h. gegen die Region zwischen Hodensack und After, abgrenzt.

Ganz anders stellt sich die Linie, welche von den Hüften herabkommt, bei den Antiken dar. Hier beginnt sie mit einem oft fast horizontalen Aste unter dem Weichenwulste, läuft noch ein Stück nach innen zu fort, biegt dann im stumpfen, manchmal im fast rechten Winkel um und verläuft nun in einem nach aussen und unten convexen Bogen nach abwärts. Die folgenden Holzschnitte zeigen beide Arten des Verlaufes. Fig. 15 und 16 zeigen die gewöhnliche Beckenlinie nach Modellphotographien, die Figur von 15 hat beide Hände erhoben, die von 16 trägt in der Rechten einen Krug. Fig. 17 zeigt die Beckenlinie des Diadumenos nach Sybel's »Weltgeschichte der Kunst«.

Ehe wir auf die Unterschiede zwischen der Antike und dem lebenden Modell näher eingehen, wird es gut sein, den Einfluss zu untersuchen, welchen die Beckenneigung auf die Beckenlinie des Mannes ausüben kann.

Wenn der Mensch gerade und aufrecht auf beiden Füssen steht und dabei so wenig Muskeln als möglich anspannt, so ist stets das Hüftgelenk um ein geringes überstreckt. Wenn man sich den Körper leblos denkt, und man durchschnitte, während man die Beine in ihrer Lage fixiert hält, von vorne her gegen den Hals der Oberschenkel hin alles, Haut, Muskeln, Gefässe, Nerven und endlich auch die vordere Seite der fibrösen Gelenkkapsel, welche das Oberschenkelbein mit dem Becken verbindet, so würde

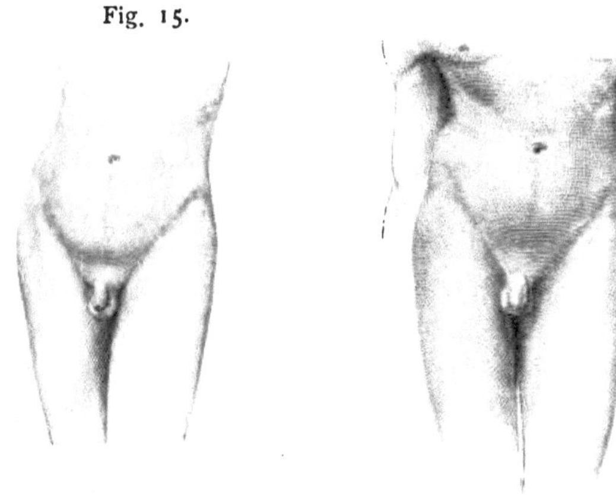

Fig. 15. Fig. 16.

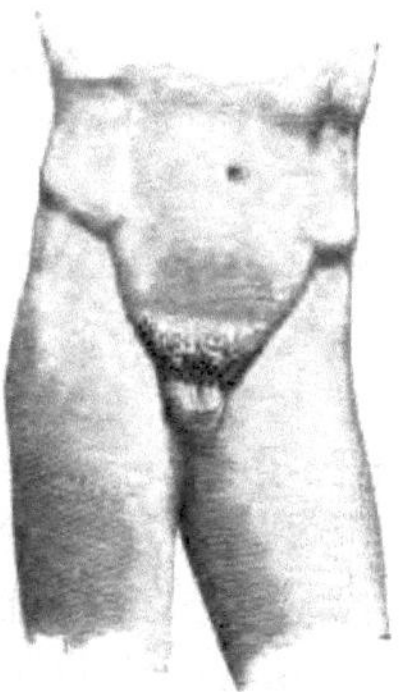

Fig. 17.

der Rumpf nach rückwärts umfallen. Nun verlaufen in der vorderen Wand dieser Kapsel sehr starke Faserbündel, die vom oberen oder Darmbeintheile des Randes der Hüftgelenkpfanne und von da nach aufwärts bis zum vorderen unteren Darmbeinstachel *(Spina ossis ileum anterior inferior)* entspringen, und gesammelt vor dem Schenkelbein-Kopfe und -Halse nach abwärts verlaufen, um sich an die vordere Zwischenrollhügel-Linie (*Linea intertrochanterica anterior*) anzuheften.

Man bezeichnet die Gesammtheit dieser Bündel als Darmbeinschenkelband, lateinisch *Ligamentum ilio-femorale*. Dieses Band ist es, welches, wenn beim Stehen jede für das letztere nicht unumgänglich nothwendige Muskelanstrengung vermieden wird, das Zurückfallen des Rumpfes verhindert, und man sagt deshalb mit einem gewissen Rechte, der Rumpf werde beim möglichst bequemen Stehen nicht durch Muskelaction im Hüftgelenke aufrecht erhalten, sondern er sei am *Ligamentum ilio-femorale* aufgehängt.

Mit dem Vorhandensein dieses Bandes hängt es auch zusammen, dass niemand, selbst nicht die biegsamste Tänzerin, das Bein horizontal nach hinten ausstrecken kann, ohne den Rumpf stark nach vorne überzuneigen.

Von der Länge dieses Bandes, von dem Spielraume, den dasselbe gewährt, hängt es auch ab, welche Lage beim ruhigen, bequemen Stehen das Becken gegen die Oberschenkel und gegen den Horizont einnimmt*). Ist der Spielraum bedeutend, so ist die obere Oeffnung des Beckens mehr nach oben gewendet, mehr nach vorne dagegen, wenn das Band kurz, mithin der Spielraum gering ist. Im ersteren Falle spricht man von geringer Beckenneigung, im letzteren von starker Beckenneigung. Zu starke Beckenneigung ist bei uns, namentlich beim weiblichen Geschlechte, ein häufigerer Fehler, als zu geringe. Bei zu starker Beckenneigung kommt beim zwanglosen Stehen nicht die schöne, einer einfachen Welle folgende Linie zustande, wie sie z. B. die weibliche Figur auf dem bekannten Bilde von

*) Es ist in neuerer Zeit mit Unrecht behauptet worden, eine solche Stellung, bei der das *Lig. ilio-femorale* angespannt sei, komme nicht vor, sie sei nur theoretisch abstrahiert. Man kann jedes Modell in eine solche Stellung bringen, wenn sie auch nicht jedem natürlich ist, und wird sich dann überzeugen, dass eine Reihe von antiken Statuen so gestellt ist.

Nic. Poussin zeigt, welches man die »arkadischen Hirten« benennt. Bei zu starker Beckenneigung schiebt sich nämlich statt des Beckens der Bauch nach vorne und im Rücken bemerkt man eine entsprechend starke Einsenkung über dem Kreuzbeine in der Gegend der Lendenwirbel.

Bei zu geringer Beckenneigung schiebt sich das Becken in unschöner Weise vor, und Rumpf und Schenkel machen einen auffälligen Winkel miteinander. Aber dieser Fehler ist viel seltener. Eine zu starke Beckenneigung verschlechtert auch den unteren Theil des Rückens, indem sie das Kreuzbein zu stark vorspringen lässt, während eine zu geringe ihn dadurch verschlechtern kann, dass sie ihn flach erscheinen lässt.

Die typische antike Beckenlinie ist an männlichen Figuren von der Art, dass man zunächst glauben muss, man habe ein schwach geneigtes Becken vor sich mit vorne ungewöhnlich weit nach innen reichendem Darmbeinkamme. Dass die Beckenneigung gering sei, dafür spricht in der Regel die Haltung der ganzen Figur. Wenn ferner der einspringende Winkel der Beckenlinie, wie man dies sogleich vermuthet, vom vorderen oberen Darmbeinstachel herrührt, so muss die ganze Schaufel des Darmbeines weniger nach unten und aussen gestellt sein als bei uns, mehr nach oben und innen gewendet; dass es aber nicht nur menschliche Becken gegeben habe, die so weit von der jetzigen Form abwichen, sondern dass sie die gewöhnlichen waren, dafür fehlt es uns an Beweismitteln.

Ich habe unter den aus dem Alterthume herrührenden Knochen, die mir zu Gesichte gekommen sind, es waren freilich nur italische, keine griechische, keine Beckenschaufel gefunden, welche für diesen Bau gesprochen hätte. Unter den Skeletten der Necropolis Felsinea zeigte nur Eines eine etwas stärkere Krümmung des Darmbeinkammes nach vorne und innen, als sie jetzt vorzukommen pflegt, aber nicht eine so starke, wie sie der antike Schnitt bei besagter Deutung voraussetzen würde.

An einer weiblichen ägyptischen Mumie in Parma habe ich gleichfalls eine etwas stärkere Biegung nach innen gesehen, als sie jetzt gewöhnlich ist, an einer daneben liegenden männlichen aber nicht. Dass in der anatomischen Figur von Cigoli im Bargello in Florenz die *Spina ossis ilei anterior superior* mehr nach innen gewendet ist als gewöhnlich und dadurch eine Annäherung an den antiken Schnitt erzielt wurde, ist für uns ohne Bedeutung. Wir müssen also die Möglichkeit erörtern, dass der Knick nicht den vorderen oberen Darmbeinstachel bezeichne, dass er nach innen von demselben irgendwo in den Weichtheilen, in den Bauchdecken liege.

Suchen wir unter dieser Voraussetzung näherungsweise seinen Ort daselbst zu bestimmen.

In den Bauchdecken liegen vier grosse Muskeln, der gerade oder, wie man eigentlich sagen sollte, der senkrecht verlaufende Bauchmuskel (*Musculus rectus abdominis*), Fig. 18, 1, und Fig. 19, 7, der äussere schräge (*Musculus obliquus abdominis externus*), Fig. 18, 2, der innere schräge (*Musculus obliquus abdominis internus*), Fig. 18, 3, und der quere (*Musculus transversus abdominis*), Fig. 19, 4.

Der gerade Bauchmuskel nun ist in einer Tasche aus fibrösem Gewebe eingeschlossen, die aus den Fasern des sehnigen Theiles des schrägen und des queren Bauchmuskels gewebt ist.

An der hinteren Wand betheiligen sich Sehnenfasern des inneren schrägen Bauchmuskels und ausserdem die Sehnenfasern des queren Bauchmuskels, aber nur bis zu einer gewissen Tiefe. Etwa in gleicher Höhe mit dem vorderen Theile des Hüftbeinkammes liegt eine Stelle, Fig. 19, 6*), von der ab alle diese Fasern die hintere Wand

*) Die Stelle 6 ist in der Fig. 19 dadurch kenntlich gemacht, dass der linke gerade Bauchmuskel bis zu ihr hin abgetragen ist und der Querschnitt des Restes zur Anschauung kommt. Man braucht diesen Querschnitt nur nach aussen zu verfolgen, um zu der Stelle zu gelangen, an welcher der oben beschriebene Wechsel im Verlaufe der Sehnenfasern ein-

der Tasche verlassen und in die vordere übergehen, so dass von hier an nach abwärts der Muskel nur durch eine von den Muskeln unabhängige bindegewebige Schicht, die sogenannte quere Bauchbinde (*Fasica transversa abdominis*) und durch das sogenannte Bauchfell (*Peritonaeum*) von der Leibeshöhle geschieden ist. Etwa in der Höhe dieser Stelle liegt der Knick der typischen antiken Beckenlinie. Sollte

Fig. 18. Fig. 19.

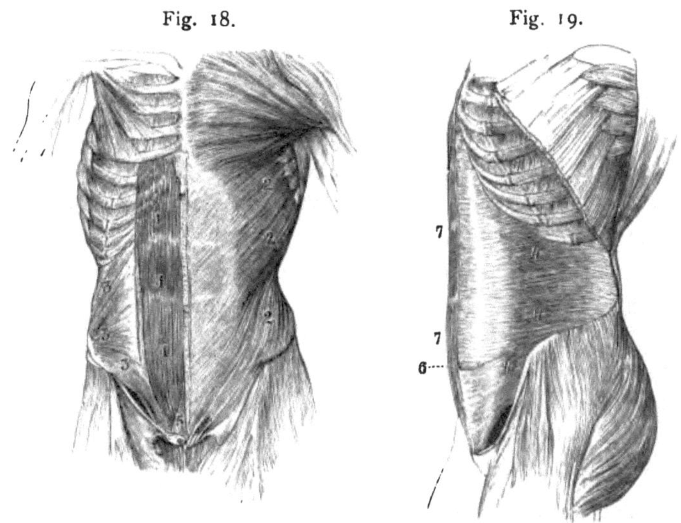

bei einem unbehosten, muskelkräftigen Geschlechte dieser Wechsel die Oberfläche mehr beeinflusst haben als bei uns?

---

tritt. Der rechte gerade Bauchmuskel ist in seiner ganzen Länge erhalten und die Fig. 19 zeigt ihn im Profile, von seiner Schmalseite unter Zahl 7, während ihn die Frontansicht, Fig. 18, unter Zahl 1 zeigt. Der linke gerade Bauchmuskel ist in letzterer Figur von dem vorderen Blatte des sehnigen Ueberzuges, in welchem er liegt, bedeckt. Zahl 5 dieser Figur ist der schon früher bei der Beschreibung des Bauches als Spanner der *Linea alba* erwähnte Pyramidenmuskel (*Musculus pyramidalis abdominis*).

Die Zeichnungen sind nach denen copiert, die L. Hollstein in seiner »Anatomie des Menschen«, Berlin 1865, von den Bauchmuskeln gibt.

Es war überdies noch eine andere Möglichkeit in Betracht zu ziehen. Der gerade Bauchmuskel hat drei sehnige Zwischenstreifen (*Inscriptiones tendineae*). Bisweilen ist noch ein vierter vorhanden, der dann mitten zwischen Nabel und Schamfuge liegt und meist nur in der äusseren Partie des Muskels sichtbar ist. Da dieser Streif noch jetzt, wenn auch in der Minderzahl der Fälle vorkommt, kann er im Alterthume regelmässig vorhanden gewesen sein, und, da solche Streifen fest mit der vorderen Wand unserer Tasche, der *Vagina musculi recti abdominis*, verwachsen sind, so ist es nicht undenkbar, dass sie die Oberfläche beeinflussen. Es ist dies nicht so zu verstehen, dass der vierte Zwischenstreifen als solcher sichtbar sein sollte, denn da, wo er ist, verläuft die Beckenlinie nicht. Es ist nur gemeint, dass durch ihn eine stärkere Spannung erzeugt werden könnte und dadurch der quere Verlauf der Beckenlinie über das vordere Ende des Darmbeinkammes hinaus verlängert werde.

Ein schwer zu beseitigender Einwand spricht indessen gegen diese Anschauung: Ueberall, wo man bei den Antiken die äussere Grenze der Scheide der geraden Bauchmuskeln erkennt, reicht der einspringende Winkel der Beckenlinie nicht bis an sie heran, sondern es bleibt noch ein Zwischenraum von etwa zwei Querfingern.

Sollen wir in einer dieser Möglichkeiten die Ursache der Abweichung der antiken Beckenlinie von der modernen suchen, oder sollen wir glauben, dass sich durch die ganze Plastik des Alterthums ein Irrthum fortpflanzte, der in frühester Zeit begangen wurde?

Die Entscheidung wird uns dadurch nicht leichter gemacht, dass wir erfahren, wie der typische Schnitt der Beckenlinie die Plastik des Alterthums nicht ausnahmslos beherrscht hat.

Ich erinnere mich, in der vaticanischen Sammlung einen sehr schönen Torso gesehen zu haben, der nichts von demselben zeigte, sondern getreu nach einem jetzt lebenden Modelle hätte gearbeitet sein können. Der ebenso meisterhaft und naturalistisch gearbeitete, als widerwärtige Ganymed der Ufficien zeigt sie auch nicht*). Ausserdem kommen Uebergänge vor zwischen beiden Extremen.

An einigen Antiken ist auch ausser dem typischen Schnitt die natürliche Beckenlinie zu verfolgen und beide sind durch eine Abdachung von einander getrennt.

So kam ich aus den Zweifeln nicht heraus, bis ich durch die Gefälligkeit des ausgezeichneten Bildhauers Cav. Augusto Felici in Venedig Gelegenheit hatte, einen kräftigen jungen Mann, der ihm als Modell diente, zu sehen. Bei diesem trat der antike Schnitt ganz deutlich und unverkennbar hervor. Hier erhoben sich zunächst auf und über dem Darmbeinkamme und mit demselben die Flanken so, dass nicht oberhalb, sondern unterhalb des Darmbeinkammes eine Einsenkung entstand. Die Hervorwölbung rührte nicht von der keineswegs starken Fettdecke allein her. Indem ich die Haut nach aufwärts anspannte, konnte ich den Darmbeinkamm als wesentlichen Bestandtheil der Hervorwölbung fühlen. Von dort erstreckte sie sich nach oben in die sogenannte Weichengegend, indem die hier unter der Haut und dem Fette lagernden Bauchmuskeln sich an den Darmbeinkamm anhefteten.

Die untere Begrenzung der Hervorwölbung bildete den queren, äusseren (lateralen) Ast der antiken Beckenlinie. Er lief beträchtlich unter dem Darmbeinkamme und weniger absteigend als dieser nach vorne und gieng dann plötzlich mit einem Knick in den inneren (medialen), absteigenden Ast der genannten Linie über. Der ganze Verlauf war dem der Beckenlinie des Apoll vom Belvedere

---

*) Der Ganymed von Florenz ist bekanntlich als Torso gefunden. Benvenuto Cellini ergänzte Kopf, Arme, Füsse, Basis und Adler, es ist aber kein Verdacht, dass er an der Beckengegend irgend etwas verändert habe. Der Mangel der typischen Beckenlinie ist vielleicht auf das jugendliche Alter des Modells zurückzuführen, obgleich sie an anderen Antiken auch bei der Darstellung ähnlich jugendlicher Gestalten vorkommt.

sehr ähnlich. Als ich den am meisten eingezogenen Punkt des Knickes manuell untersuchte, kam ich auf das vordere Ende des Darmbeinkammes, den vorderen oberen Darmbeinstachel. Es unterlag also keinem Zweifel, dass dieser den Knick verursachte, und ebensowenig konnte es zweifelhaft sein, dass auch in den antiken Bildwerken der Knick auf diesen zu beziehen sei. Fragen kann man nur, ob bei manchen Antiken, bei denen die Entfernung der Scheitel der einspringenden Winkel von einander geringer ist als beim Apoll des Belvedere und geringer, als sie bei diesem Modell war, wirklich die Natur noch gewissenhaft benutzt ist, oder ob man sich hier von derselben entfernt hat.

Ich habe später in Wien durch gütige Vermittlung des Herrn Bildhauers Professor Kühne noch ein zweites Modell gesehen, welches den antiken Schnitt zeigte. Es war gleichfalls ein Venezianer. Der Mann, ein früherer Gondolier, war älter, und, obgleich er sonst nicht fettleibig war, so hatte sich doch in den Flanken eine ziemliche Fettdecke gebildet, die von den Weichen nach abwärts beträchtlich über den Darmbeinkamm hinabreichte und machte, dass der quere Ast der typischen Beckenlinie noch weniger aufsteigend, mehr horizontal verlief, als bei dem früher erwähnten Modell. Auch an den Antiken finden sich in dieser Beziehung Verschiedenheiten, und der Verlauf des queren Astes unserer Linie ist nicht allein von der Form und Stellung des Beckens abhängig, sondern auch von der Fettablagerung, insofern diese auf Erhebung oder Vertiefung der Oberfläche Einfluss übt.

Niemals aber hat man an antiken Bildwerken in dem queren Aste unserer Linie den Verlauf des Darmbeinkammes selbst zu sehen, sondern den einer Einsenkung unterhalb desselben. Der Darmbeinkamm bildet die knöcherne Grundlage des unteren Theiles der Hervorragung, welche, da ihr oberer Theil weich ist, als Weichenwulst bezeichnet wird.

Hieraus wird es auch ersichtlich, welche zwei Momente den Verlauf des queren Astes der Beckenlinie wesentlich bestimmen. Erstens ist es, die Form des Beckens constant genommen, dessen Neigung, denn es ist klar, dass dieser Ast umso steiler verlaufen muss, je stärker das Becken geneigt ist, und zweitens ist es die Menge und die Vertheilung des auf den Weichen abgelagerten Fettes. Der Ast hat seinen festen Anfangspunkt beim vorderen oberen Darmbeinstachel, von da ab aber folgt er dem Hüftbeinkamme nicht, sondern verläuft unterhalb desselben, und zwar unter übrigens gleichen Umständen um so tiefer unterhalb desselben, also um so horizontaler, je mehr die äusseren schrägen Bauchmuskeln und der Hüftbeinkamm mit Fett überdeckt sind, das in seiner Neigung, sich nach abwärts zu senken, die Ausbiegung später, d. h. tiefer nach abwärts, in eine Einbiegung übergehen lässt, als dies bei mageren Individuen der Fall ist.

Es versteht sich von selbst, dass auch die Gestalt des Beckens, insonderheit die der Darmbeinschaufeln, einen Einfluss übt, aber diese kann so mannigfach und in so feinen Nuancen verändert sein, dass es nicht möglich ist, darüber etwas Allgemeines zu sagen. Diesen Einfluss im einzelnen zu verfolgen würde nur dann möglich sein, wenn man erst das lebende Modell beobachten und dann das präparierte Becken der Leiche untersuchen könnte.

An dem zuletzt erwähnten der beiden Modelle mit antikem Schnitt habe ich einige Dimensionen gemessen, welche für uns in Betracht kommen. Der grösste Querdurchmesser der oberen Beckenregion mit Einschluss der nach aufwärts von den Darmbeinschaufeln folgenden Weichen betrug 322 Millimeter. Er blieb hinter dem grössten Durchmesser in der Hüftgelenkgegend um 17 Millimeter zurück, denn dieser betrug 339 Millimeter. Die Entfernung der beiden oft erwähnten Knicke voneinander betrug 250 Millimeter und der grösste Querdurchmesser, welcher in der Tiefe des horizontalen Astes der typischen Beckenlinie gefunden wurde, 318 Millimeter. Die Einbiegung wurde also von der über ihr liegenden Ausbiegung jederseits im Minimum nur um 2 Millimeter überragt, was indessen nicht hinderte, die Linie, da sie hinreichend scharf gezeichnet war, vollkommen sicher zu verfolgen.

Die oft scharfe und geradlinig horizontale Furche oder Stufe, welche man an vielen antiken Männerstatuen zwischen Bauch und Schamberg von einem absteigenden Aste der Beckenlinie zum andern geführt findet, ist entstanden aus der plastischen Darstellung der oberen Grenze des Haarwuchses. Sie ist noch an vielen Statuen als solche zu erkennen, so am Harmodius von Neapel, am Apollo aus der Sammlung Choiseul-Gouffier im British Museum, am Doryphoros des Polyklet in Neapel, am Diadumenos Farnese in London*) und anderen.

Aus diesem Ursprunge erklärt es sich auch, weshalb sie an manchen Figuren so gegen den Oberschenkel fortgesetzt ist, dass sie die natürliche Verbindung des absteigenden Astes der Beckenlinie mit der Furche zwischen Hodensack und Oberschenkel unterbricht.

Die Antiken scheinen sich hiedurch noch mehr von der Wirklichkeit zu entfernen, aber es liegt hier der Conflict vor, dass der Künstler etwas darzustellen hatte, was sich für die Plastik nicht eignete, und von dem er andererseits doch nicht völlig absehen konnte.

Es gibt indessen auch noch eine andere Art der Unterbrechung zwischen dem absteigenden Aste unserer Beckenlinie und der Furche zwischen Schenkel und Hodensack, die in der Natur ganz wohl begründet ist. Bei Statuen, an denen sich Standbein und Spielbein unterscheiden lässt, tritt sie häufig über dem Standbein auf, während sie über dem Spielbein fehlt oder doch minder deutlich ist. Hier ist das Becken schief gestellt und sein unterer Theil drängt sich gegen den Oberschenkel des Standbeines stärker heran

*) Sämmtlich abgebildet in Sybel's »Weltgeschichte der Kunst«.

als beim Stehen auf beiden Füssen. Dadurch wird an dieser Seite ein Polster hervorgedrängt, welches als seitliche Abdachung des Schamberges erscheint und über welchem sich der absteigende Ast der Beckenlinie nach innen gegen die Mittellinie zu wendet, während die Furche zwischen Schenkel und Hodensack, nach aufwärts verfolgt, unterhalb jenes Polsters bleibt und sich nach aussen gewendet in die Linie fortsetzt, welche, beim Aufheben des Oberschenkels und Knies bis zum rechten Winkel, als Beugungsfalte zwischen Rumpf und Oberschenkel einspringt.

Diese Erscheinung ist sehr deutlich an dem Discuswerfer zu sehen, der, aufrecht stehend, den Discus in der linken herabhängenden Hand hält, während der rechte Arm im Ellenbogengelenke gebeugt ist, und Hand und Finger gesticulieren, als ob die Figur über den zu machenden Wurf sprechen wollte. Auch der berühmte Hermes von Olympia mit dem Kinde Dionysos zeigt dieselbe.

Wo die soeben beschriebene Unterbrechung auf beiden Seiten deutlich hervortritt, pflegen die absteigenden Aeste der typischen Beckenlinie durch einen nach unten convexen Bogen vereinigt zu sein, der sich zwischen Bauch und Schamberg hinzieht.

Die für uns praktisch wichtigste Frage ist offenbar die: Soll der Künstler in seinen Werken den typischen Schnitt der Beckenlinie der Antiken nachahmen oder nicht?

Es unterliegt keinem Zweifel, dass die Linie von guter Wirkung ist. Sie gliedert, auch für die Ferne, die Figur deutlich und verkleinert die breite Oberfläche des Bauches. Sie hat etwas Kerniges, und wenn wir sie an einem lebenden Manne sehen, so können wir uns nicht verhehlen, dass sie mit zur Erhöhung des Ausdruckes von Kraft und Männerschönheit beitrage. Der Künstler hat sicher das Recht, seinem Werke das mitzugeben, was er für das Schönste hält, auch wenn er es nur einmal gesehen hat, oder wenn ihm auch nur ein einziges unzweideutiges Zeugnis vorliegt; aber es ist ihm kaum gestattet, etwas zu machen, von dem zweifelhaft ist, ob es überhaupt vorkomme oder jemals vorgekommen sei.

Unsere Künstler sind im vollen Rechte, an den Füssen die zweite Zehe länger zu machen als die erste, als die sogenannte grosse Zehe; denn das ist zwar bei dem jetzt lebenden Geschlechte nicht die Regel, aber es kommt vor, und zwar nicht nur bei Kindern, sondern auch bei Erwachsenen, und zwar bei Erwachsenen arischer Rasse, wie ich dies später nachweisen werde; aber an manchen Antiken findet man die Beckenlinie mit ihren einspringenden Winkeln einander auffallend stark genähert und so schroff und scharf eingeschnitten, dass der Künstler Bedenken tragen muss, sie nachzuahmen, so lange ein lebendes Paradigma dafür fehlt. Wohl aber soll der Künstler nach Modellen suchen, die sich dem antiken Schnitte annähern, und nicht einen Bauch darstellen, wie ihn zum Beispiel das Modell zeigte, welches Rembrandt zu seinem Christus vor Pilatus diente.

Die Künstler der Renaissance und der Neuzeit haben sich verschieden verhalten, bald sind sie den Antiken, bald dem jetzt gewöhnlichen Typus gefolgt. Ersteres sieht man in auffälliger Weise am Perseus des Benvenuto Cellini in der Loggia dei lanzi in Florenz und am Mars des Sansovino auf der Treppe des Dogenpalastes. Bei letzterem ist der antike Schnitt missverstanden, indem sich die von der Hüfte kommende Linie in querer Richtung bis zur Scheide des geraden Bauchmuskels fortsetzt. Auch auf Handzeichnungen, welche Rafael zugeschrieben werden, findet man den antiken Schnitt. Später schlossen sie sich wieder mehr dem modernen Typus an, den sie vor Augen hatten. So entsinne ich mich nicht, an den nackten Männergestalten von Guido Reni den antiken Schnitt gesehen zu haben.

In einer dem Andr. del Verocchio zugeschriebenen Handzeichnung der Ufficien (Nr. 2) treten beide Linien, die naturalistische und die typische der Antiken, nebeneinander auf, und dies kommt auch anderswo vor und geht gelegentlich über in die Bildung, bei welcher die absteigenden Aeste des typischen Schnittes sich zwischen Bauch und Schamberg in einem nach unten convexen Bogen vereinigen, während die Linie zwischen Scham und Schenkel in die Schenkelbeuge übergeht und so völlig getrennt von der Beckenlinie und unterhalb derselben verläuft.

Wenn man fragt, weshalb die typische Beckenlinie sich denn nicht auch an antiken Darstellungen weiblicher

Fig. 20.

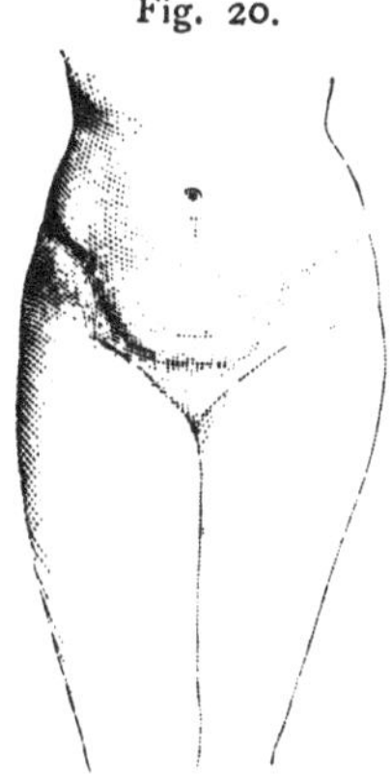

Gestalten finde, so lautet die Antwort: die Beckenform, welche in der Wirklichkeit die typische Linie hervorbringt und welche für die Entstehung derselben unerlässlich ist, gehört bei weiblichen Becken zu den Seltenheiten. Beim weiblichen Becken sind im allgemeinen die Schaufeln der Darmbeine weniger steil gestellt und eingerundet als beim Manne; sie sind mehr schräg nach aussen gewendet und dadurch wird die Entfernung der beiden vorderen oberen Darmbeinstachel grösser. Dies letztere ist es hauptsächlich, welches das Zustandekommen der Linie, wie wir sie an antiken Darstellungen männlicher Gestalten sehen, unmöglich macht.

Eine Andeutung davon habe ich indessen einmal sehr ausgesprochen an einer Photographie nach dem Leben gesehen, von der der vorstehende Holzschnitt (Fig. 20) entnommen ist. Man konnte an der Vertheilung von Licht und Schatten deutlich den Punkt erkennen, der dem Knick an den antiken Männerstatuen entspricht, und von ihm aus auch die typische Linie mehr oder weniger deutlich nach abwärts und nach auswärts verfolgen, aber wegen der grösseren Breite des Beckens relativ zur Höhe desselben ist der Winkel stumpfer und die absteigenden Schenkel der typischen Linie sind weniger steil. Wenn man dies-

Fig. 21.

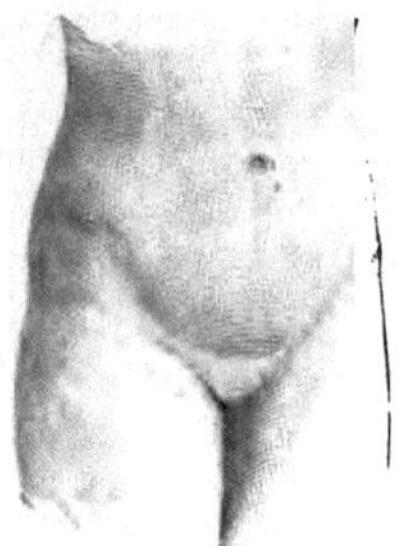

berücksichtigt, so findet man auch an weiblichen antiken Figuren solche Andeutungen mehr oder weniger deutlich, so an drei berühmten Venusstatuen, der von Milo, der capitolinischen und der medicäischen.

Der Holzschnitt Fig. 21 zeigt gleichfalls diese Linie und zugleich fast männliche Formen. Er ist auch nach einer Photographie des lebenden Modells gemacht.

Beim Weibe lassen sich in den Beckenlinien wesentlich zwei extreme und anscheinend schwer zu vereinigende Typen unterscheiden. Der eine ist derart, dass die Inguinallinie, das heisst die Trennungslinie zwischen dem Oberschenkel einerseits, und dem Schamberge und dem untersten Theile des Bauches andererseits, ähnlich wie bei den meisten jetzt lebenden Männern direct zum vorderen oberen Darmbeinstachel aufsteigt.

Das Charakteristische des anderen Typus liegt darin, dass die Inguinallinie sich von der Beckenlinie trennt, sich nach aussen wendet und weit unterhalb des vorderen oberen Darmbeinstachels als quere Trennungslinie zwischen Rumpf und Schenkel mehr oder weniger weit nach aussen verfolgt werden kann. Sie wird zu einer Linie der Schen-

Fig. 22. Fig. 23:

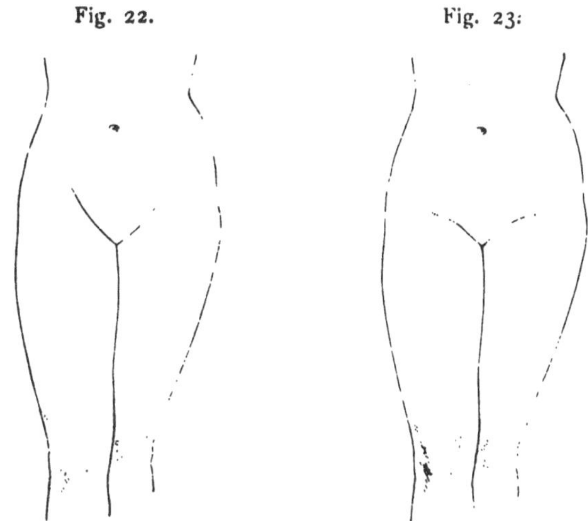

kelbeuge. Wo diese Linie bei ganz gestrecktem Bein nicht oder nur wenig markiert ist, kann sie hervortreten, wenn der Oberschenkel ganz leicht, z. B. zum Ausschreiten, gebeugt ist. So sieht man es im Bargello in Florenz in der Vorhalle im ersten Stock an der weiblichen Figur einer dem Marchese Niccolini gehörigen Marmorgruppe. Fig. 22 zeigt den ersteren Typus, Fig. 23 den letzteren. Die beiden hier charakterisierten Typen sind indessen untereinander verbunden durch einen intermediären, bei dem zwei Linien gleichmässig ausgeprägt sind. Je nachdem die eine oder die andere sich stärker bemerklich macht, nähert sich die Gestalt dem ersteren oder dem zweiten Typus an.

Wenn beide Linien sichtbar und vollständig getrennt sind, so gestalten sie sich etwa folgendermassen: Die eigentliche Beckenlinie beginnt vom vorderen Ende des Darmbeinkammes, der, wie dies bei mageren Individuen der Fall ist, selbst hervortreten kann, oder dessen Formen durch die Bedeckungen verhüllt sind. Die Linie beginnt nicht etwa als Falte, sondern als leichte Depression, folgt im ganzen der Richtung des Schenkelbogens (*arcus inguinalis,* auch Fallopisches oder mit weniger Recht Poupartsches Band genannt, ein sehniger Streif, der jederseits vom vorderen oberen Darmbeinstachel zu den im Schamberge aneinanderschliessenden vorderen Schambeinenden gespannt ist), wendet sich aber dabei bogenförmig nach innen und fliesst in der Grenze zwischen Bauch und Schamberg mit der der anderen Seite zusammen.

Bisweilen sieht man vom Anfange unserer Linie noch eine Depression quer nach aussen streichen, die mit ihr einen stumpfen Winkel bildet. Diese entspricht dann dem mehr rechtwinkligen Knick, den die Beckenlinie an männlichen Antiken zeigt. Es wurden oben Beispiele von einer solchen Gestaltung gegeben (Fig. 20 und 21).

Die zweite Linie ist die, welche ich soeben beschrieben habe. Sie beginnt an der Innenseite des Schenkels, steigt zwischen diesem und dem Schamberge schräg hinauf und wendet sich dann nach aussen, quer verlaufend und den Schenkel mehr gegen den ganzen Rumpf als gegen den Bauch abgliedernd. Die deutliche Entwickelung dieses Theiles der Linie und ihr massgebender Einfluss auf die Gliederung der ganzen Figur bedingt den selteneren Typus, der aber in Werken des Alterthums und der Renaissance oft in hoher Schönheit hervortritt. Das Wesentliche des gewöhnlichen Typus ist, dass der äussere Theil der zweiten Linie nicht oder undeutlich ausgeprägt ist und die zwischen Scham und Schenkel aufsteigende Linie mehr oder weniger deutlich in die vom vorderen oberen Darmbeinstachel herunterkommende Depression übergeht, oder doch sich ihr mehr oder weniger nähert, anstatt sich von ihr zu entfernen.

Die Art, wie sich diese Linien ausdrücken, ist von der jeweiligen Stellung in so hohem Grade abhängig, dass an einer und derselben Figur die eine Seite sich scheinbar*) mehr dem einen extremen Typus, die andere mehr dem anderen annähern kann, wie dies der beistehende Holzschnitt (Fig. 24) zeigt. Er ist gemacht nach der Photographie eines

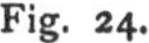

Fig. 24.

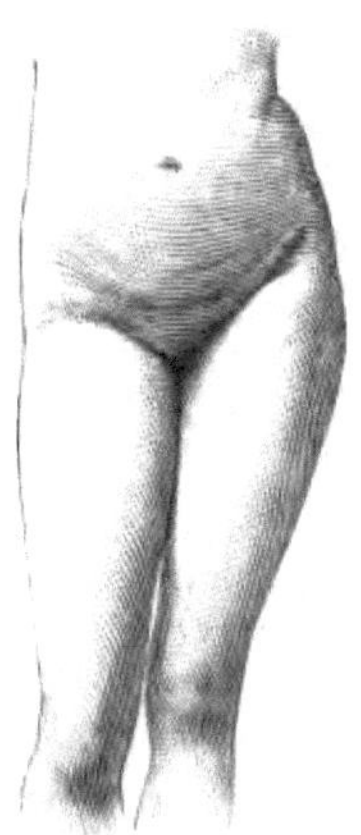

Mädchens, das einen Krug auf dem Kopfe trägt und ihn mit der rechten Hand stützt.

Aber es ist nicht die Stellung allein. Zwei Personen in gleicher Stellung zeigen Unterschiede, welche abhängen von Verschiedenheiten in der Fettablagerung, dann auch

*) Ich sage »scheinbar«; bei genauerer Betrachtung des beigegebenen Holzschnittes wird man bemerken, dass auch auf der linken Seite die Linie der Schenkelbeuge nicht zum vorderen oberen Darmbeinstachel aufsteigt, sondern zu einem Punkte, der nach unten und aussen von demselben liegt und fast noch drei Querfinger breit von ihm entfernt ist.

von der Gestalt des Beckens. Aber auch mit der Neigung des letzteren scheint die Erscheinungsweise unserer Linien in engem Zusammenhange zu stehen, ferner mit der Stellung des Halses des Oberschenkelbeines, denn es ist klar, dass bei steiler Stellung desselben der Trochanter mehr unterhalb der Linie liegt, um welche sich die Oberschenkel bei der Beugung gegen den Rumpf drehen, als dies bei horizontal gestelltem Schenkelhalse der Fall ist. Diese Linie geht ja durch die Mittelpunkte der Oberschenkelköpfe.

Bei manchen sehr schönen Figuren, welche uns das Alterthum und die Renaissancezeit hinterlassen haben, laufen die Linien der Schenkelbeuge unter sehr stumpfem Winkel zusammen und bilden dabei, während die eigentliche Beckenlinie verwischt ist, die Hauptgliederungslinien der Gestalt, an der dann die Schenkel auch mehr gegen den ganzen Rumpf als gegen den Bauch abgegliedert sind.

Das Alterthum hat uns ferner eine Reihe von Bildwerken hinterlassen, bei denen die Schenkel nur vom Schamberge oder wenig darüber hinaus durch eine bestimmte und leicht zu verfolgende Linie abgegrenzt sind, während das übrige Grenzgebiet zwischen Rumpf und Schenkeln nur weiche Uebergänge aufweist. Auch in der Renaissance finden sich solche Gestalten, wenngleich hier im allgemeinen deutlichere Abgliederungen vorgezogen werden. Im Alterthume sassen eben die Menschen weniger als in der späteren Zeit, sie lagen mehr und standen mehr.

Was besser sei, deutlichere Abgliederung oder weiche Uebergänge, hängt von Umständen ab. Erstere kann namentlich bei monumentalen und bei Ornamentalfiguren mit Rücksicht auf die Fernwirkung vorgezogen werden, während man letztere da wählen wird, wo es sich um einen geringeren Abstand und um eine Schönheit handelt, die sich der Beschauer etwa in Fleisch und Blut übersetzt denken könnte.

Bemerken muss ich noch, dass sich unter Umständen an der Hüfte drei Furchen übereinander zeigen, freilich seicht und verschwommen, so dass sie nur bei geeigneter

Beleuchtung deutlich werden. Diese sieht man z. B. über dem Spielbeine der capitolinischen Venus. Die unterste schliesst sich der Trennungslinie zwischen Schenkel und Schamberg an und gliedert den etwas nach vorne bewegten Schenkel vom Rumpfe, beziehungsweise von der Hüfte ab.

Die zweite liegt in gleicher Höhe mit der Depression zwischen Bauch und Schamberg und die dritte und letzte läuft vom Orte des oberen vorderen Darmbeinstachels nach

Fig. 25.

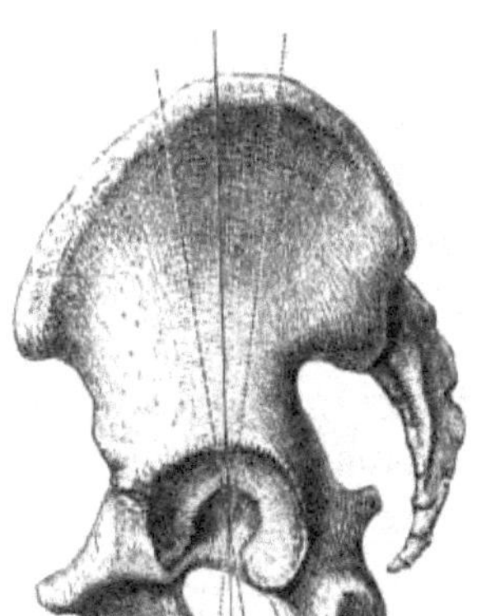

aussen. Sie entspricht ihrer anatomischen Bedeutung nach dem horizontalen Aste der typischen Beckenlinie männlicher antiker Statuen.

Gehen wir noch etwas näher auf die Beckenneigung ein und auf den Einfluss, welchen sie auf die Erscheinungsweise der Gestalt hat. Vorstehender Holzschnitt (Fig. 25) zeigt die Profilansicht eines menschlichen Beckens, in welche drei Linien hineingezeichnet sind, die sich im Drehpunkte der Gelenkspfanne kreuzen, die eine gestrichelt, die zweite ausgezogen, die dritte punktiert. Nehmen wir nun erst die ausgezogene Linie als senkrecht an und dann die punktierte, so ist es klar, dass im letzteren Falle die Beckenneigung grösser ist, und zugleich ist es klar, dass alle Punkte des Beckens, welche niedriger als der Drehpunkt liegen, nach rückwärts verschoben worden sind, und zwar umsomehr, je mehr sie unterhalb des Drehpunktes liegen. Nehmen wir dagegen die gestrichelte Linie als senkrecht an, so ist die Beckenneigung geringer und zugleich sind alle Punkte des Beckens, die niedriger liegen als der Drehpunkt, nach vorwärts verschoben, und zwar umsomehr, je mehr sie unterhalb des Drehpunktes liegen. Also bei stärkerer Beckenneigung liegen diese Punkte sämmtlich mehr nach rückwärts, bei schwächerer Beckenneigung liegen sie sämmtlich mehr nach vorwärts.

Nun entspringen mit Ausnahme des Schneidermuskels (*Musculus sartorius*) sämmtliche Muskeln, welche an der Innenseite des Oberschenkels liegen, soweit sie überhaupt vom Becken entspringen, von einer Strecke, die mit dem oberen Ende der Symphyse der Schambeine beginnt und mit dem Sitzbeinknorren endigt. Alle diese Muskelursprünge sind also mehr nach hinten gerückt bei starker Beckenneigung, mehr nach vorne gerückt bei schwacher Beckenneigung. Unter übrigens gleichen Umständen muss also bei starker Beckenneigung die Innenseite des Oberschenkels mehr abgeflacht sein in schräger Richtung von vorne und aussen nach hinten und innen. Bei schwacher Beckenneigung muss die Innenfläche des Oberschenkels in ihrem oberen Theile unter sonst gleichen Umständen mehr gerundet, mehr hervorgewölbt sein.

Zugleich ist es klar, dass der Schamberg, dessen Ort sich nach dem Orte der Symphyse der Schambeine richtet, bei starker Beckenneigung tiefer, bei schwacher höher stehen muss. Da nun die Beckenlinie, vom vorderen Ende des Hüft- oder Darmbeinkammes herabkommend, nach abwärts zwischen dem Schamberge und dem Oberschenkel ausläuft, so lassen die Oberschenkel, wenn sie nach vorne und innen abgeflacht sind, einen keilförmigen Raum, in dem der nach abwärts gezogene Schamberg zwischen ihnen eingeschlossen ist.

Anders verhält es sich bei geringer Beckenneigung, besonders dann, wenn die Innenseite der Oberschenkel mit einem reichlichen Fettpolster belegt ist. Solche Oberschenkel bilden, wenn das Becken nicht zu breit ist und die Hälse der Oberschenkelbeine nicht zu horizontal stehen, in ihrem oberen Theile einen vollständigen Schluss, der wesentlich mehr an der Oberfläche liegt, weniger in die Tiefe gerückt ist als bei starker Beckenneigung.

Ich halte diesen letzteren Typus für den schöneren, da die Gestalten, an denen er vorkommt, allgemeiner verwendbar sind, als die nach dem ersten Typus gebauten. Sie haben besser geformte Schenkel und einen vollkommeneren Schenkelschluss, sie treiben beim Stehen und Gehen den Bauch nicht nach vorne und geben nicht nur von vorne, sondern auch von der Seite eine bessere Ansicht der ganzen Figur. Nur müssen die Schenkel, wenn man die Seitenansicht benützen will, kräftig sein, indem ihr Durchmesser von vorne nach hinten kleiner ist als er bei starker Beckenneigung sein würde, weil die Sitzbeine mehr nach vorne gerückt sind. Wenn man nach künstlerischen Beispielen für die Beckenneigung fragt, so zeigt wohl die Eva in den Loggien des Vatican, welche dem Adam die verbotene Frucht pflückt, diejenige, über welche man nicht hinausgehen sollte. Eine ähnlich starke Beckenneigung muss man der Eva in der darauffolgenden Austreibung aus dem Paradiese zuschreiben, nur lässt sie sich hier wegen der schreitenden Bewegung nicht so sicher beurtheilen.

Beispiele von geringer Beckenneigung, unter die man nicht hinabzugehen braucht, bieten die drei Grazien in der Dombauwerkstätte von Siena (früher in der Sakristei) dar, namentlich die, welche uns auf der lombardischen Photographie den Rücken zuwendet und diejenige, welche auf derselben zur rechten Hand steht.

Die Alten liebten überhaupt starke Beckenneigung nicht, weder bei Männern noch bei Frauen, denn sie haben sie in der idealen Kunst selten zur Darstellung gebracht. In Rücksicht auf den Winkel, unter dem die Schamberg und Schenkel trennenden Linien auf einander treffen, herrscht bei ihnen grosse Verschiedenheit. Bei den erwähnten Grazien ist er sehr stumpf, bedeutend grösser als ein rechter. Auch die Venus Nr. 134 der Ufficien (sie hängt sich das Schwert des Mars um, neben ihr steht eine mit einem Tuch bedeckte Urne) zeigt ihn beträchtlich grösser als die medicäische. Kleiner als ein rechter ist er bei der Venus vom Esquilin im capitolinischen Museum. Diese ist die naturalistische Darstellung eines kräftigen, wohlgebauten, noch jungen Mädchens mit tadellosen Körperverhältnissen, aber einem im Verhältnis zu anderen Antiken etwas grossen Kopf, so dass man urtheilen muss, das Original sei nicht über mittelgross gewesen.

Ein langes Darmbeinschenkelband (*Ligamentum ilio-femorale*), und ein solches ist es ja, was bei gleicher Form des Beckens eine geringere Beckenneigung bedingt*), hat auch einen vortheilhaften Einfluss auf den Gang. Ist das besagte Band kurz, so ist, wie wir gesehen haben, die natürliche Beckenneigung stark. Soll nun der Schritt einigermassen gross werden, so bedingt die Stellung des zurückbleibenden Beines für den Augenblick eine noch stärkere Beckenneigung. Der Schwerpunkt des Körpers darf nicht über ein bestimmtes, von der Geschwindigkeit der Fort-

---

*) Ich spreche hier von der anatomischen oder wahren Beckenneigung, welche gemessen wird durch den Winkel, welchen die Axe des Beckens mit der Richtungslinie der Oberschenkelbeine macht, wenn das *Ligamentum ilio-femorale* gespannt ist. Man muss dieselbe nicht nur unterscheiden von der jeweiligen, sondern auch von der habituellen Beckenneigung. Viele Menschen strecken nur ganz ausnahmsweise ihre Schenkel bis zum Anspannen des *Ligamentum ilio-femorale* und pflegen mit einer grösseren Beckenneigung, als ihre anatomische ist, zu stehen. Auch in der vorschriftsmässigen Haltung des deutschen Soldaten ist das *Ligamentum ilio-femorale* nicht gespannt, wie dies schon Hans Virchow bemerkt hat.

bewegung abhängiges Mass nach vorne verschoben werden, weil sonst ein Vorneüberfallen eintreten würde. Die grössere Beckenneigung kann also nicht ohneweiters durch Vornüberneigen des ganzen Rumpfes erzielt werden, es muss auch eine stärkere Biegung in den Lendenwirbeln eintreten und diese ist dadurch erschwert, dass besagte Biegung bei starker Beckenneigung an und für sich, dass heisst beim ruhigen Stehen, schon bedeutend zu sein pflegt. Durch diese Umstände wird es veranlasst, dass zu starke Beckenneigung oft einen wenig fördernden, bei lebhaftem Temperamente meist hastigen, unschönen Schritt mit sich bringt. Ich sage oft, denn man kann den Schritt nicht beurtheilen, ohne die Biegsamkeit im Lendentheile der Wirbelsäule in Betracht zu ziehen und ausserdem die Beinlänge, die nach den Pendelgesetzen die Dauer des Schrittes bestimmt, in welchem mit der geringsten Anstrengung gegangen wird.

Die Weiber im Römischen, namentlich die aus gewissen Gegenden des Sabinergebirges, verdanken das königliche Einherschreiten, das sie in so hohem Grade auszeichnet, nicht allein der Gewohnheit, von Jugend auf leichtere Lasten, welche sie gerade mit sich führen, auf dem Kopfe und häufig ohne Beihilfe der Arme zu tragen, sondern wesentlich dem günstigen Baue und den günstigen Verhältnissen ihres Körpers. Dies zeigt sich darin, dass sie in ihrem Gange bevorzugt sind gegen Weiber anderer Stämme, welche dieselbe Gewohnheit haben. Dass diese Gewohnheit einen vorheilhaften Einfluss ausübe, will ich nicht bestreiten, denn ich habe da, wo sie herrscht, Gang

Man muss stets vor Augen haben, dass es zwei Stellungen gibt, in welchen der Rumpf auf den Schenkeln mit einem Minimum von Muskelaction im Gleichgewicht erhalten werden kann: Die eine ist die, in der das *Ligamentum ilio-femorale* angespannt ist, die andere ist die, in der der Schwerpunkt des Rumpfes direct unterstützt ist, so dass seine Neigung zum Umsinken nach allen Seiten gleich und nach allen Seiten ein Minimum ist. Bei angespanntem *Ligamentum ilio-femorale* ist dies nicht der Fall. Da ist die Neigung zum Umsinken nach rückwärts grösser, das Umsinken wird aber verhindert durch das gespannte Band.

und Haltung besser gefunden als da, wo Lasten, je nachdem sie leichter oder schwerer sind, am Arme oder auf dem Rücken getragen werden*).

Breite Hüften gelten im grossen Publicum an Männern für hässlich, an Weibern für schön. Letztere Ansicht hat sich aber nicht infolge der Anschauung des Nackten, sondern infolge der Tracht ausgebildet, die zu verschiedenen Zeiten darauf ausgieng, die Weichen einzuschnüren und nun die Hüften darunter möglichst breit hervortreten zu lassen.

---

*) G. B. Duchenne (de Boulogne) sagt in seiner »Mechanik der Bewegungen« (deutsch von C. Wernicke, Cassel und Berlin 1885, S. 580): »... glaube ich, dass eine Beckenneigung von 63—64 Grad und die entsprechende Lumbosacralkrümmung am allgemeinsten sind.«

»Damit will ich nicht sagen, dass diese letztere Krümmung der Aesthetik als etwas Absolutes, als eine Regel, die den schönsten Formen zukommt, auferlegt werden muss, da ja bewiesen wurde, dass die physiologische Sattelbildung« (sie kommt nur bei starker Beckenneigung vor, da der Sattel eben durch die Rückseite des stark geneigten Beckens gebildet wird. *B.*) »einer der unterscheidenden Charaktere mancher Rassen ist, da sie in gewissen Familien, an gewissen Ortschaften erblich herrscht, womit der Künstler rechnen muss, da sie endlich mit Recht als eine der Eigenschaften gilt, die zur Schönheit der Körperlinien, besonders bei den Frauen, ganz besonders beiträgt. Uebrigens würde schon die antike Kunst gegen ein solches Gesetz Verwahrung einlegen, denn man findet bei einigen Statuen sehr schöne Typen von Sattelbildung, und dieselben waren bei den Griechen sehr gesucht. Bekanntlich leitet ja auch die *Venus callipygos* von dieser besonderen Schönheit ihren Namen her.«

Was zunächst diese letztere anbelangt, so ist es schwer, an ihr die Beckenneigung und Wirbelsäulenkrümmung zu beurtheilen, welche sie in einfach aufgerichteter Haltung zeigen würde. Es ist dies so schwer wegen der ungewöhnlichen Stellung, in welche die Figur gebracht ist. Ausserdem glaube ich, dass die hohe künstlerische Vollendung derselben, die Canova veranlasst haben soll, die Ergänzung abzulehnen, noch nicht berechtigt, sie für einen der Repräsentanten der eigentlich klassischen Kunst der Griechen zu halten.

Ich polemisiere ungern gegen den um das Wohl der Menschen und um die Wissenschaft so hoch verdienten Duchenne, aber auf zwei Punkte muss ich den Leser aufmerksam machen:

1. Wenn Duchenne von der Beckenneigung spricht, so spricht er von der habituellen, von der, welche das Individuum beim aufrechten Stehen zu haben pflegt; ich aber spreche von der anatomischen Becken-

Nichtsdestoweniger hat sie manche Künstler der Gegenwart und der Vergangenheit veranlasst, ihre Frauengestalten mit ungewöhnlich breiten Hüften darzustellen. Aber die Rümpfe von Geigengestalt, wie man einzelne namentlich aus dem Ende des Mittelalters und der deutschen Frührenaissance findet, sind in der That sehr hässlich. Die Breite der Hüften muss auch beim Weibe immer in einem bestimmten Verhältnisse bleiben zu drei Dimensionen, zur Länge der ganzen Gestalt, zur Schulterbreite und zum

---

neigung, welche abhängt von dem Spielraume, den das *Ligamentum ilio-femorale* gewährt, also von dessen Länge, durch welche sie ein- für allemal gegeben ist. Es ist dies jenes Minimum von Beckenneigung, welches erzielt wird, wenn das Individuum, auf gestreckten und geschlossenen Beinen und auf geschlossenen Füssen stehend, das untere Ende seines Rumpfes so weit nach vorne schiebt, wie dies bei vollkommen gestreckten Knien möglich ist. Sie ist nicht zu messen durch den Winkel, welchen die Beckenaxe oder die *Conjugata* mit dem Horizonte machen, sondern durch die Winkel, welche die auf die Mittelebene des Körpers projicierten Oberschenkel mit diesen Linien machen. (Vergl. Hermann Meyer in Zürich: »Die Beckenneigung«. Reichert und de Bois: »Archiv für Anatomie und Physiologie«, Jahrg. 1861, S. 137.)

2. Duchenne bringt die Concavität der Wirbelsäule in nothwendigen und directen Zusammenhang mit der Beckenneigung, während dieser Zusammenhang, so unzweifelhaft er besteht, doch nur ein relativer ist. Auch bei wenig geneigtem Becken kann die Wirbelsäule concav sein, wenn der Kopf nach vorne geschoben ist und mehr noch, wenn zugleich grosse schwere Weiberbrüste zu äquilibriren sind. Dann müssen die Schultern so weit nach rückwärts ausweichen, dass das Gleichgewicht hergestellt ist. Andererseits kann aber auch bei hinreichender Biegsamkeit der Wirbelsäule ein anatomisch, das heisst in dem von mir definirten Sinne, wenig geneigtes Becken auf eine grössere Neigung willkürlich eingestellt werden, so dass dann bei aufrechter Haltung der Lendentheil der Wirbelsäule stärker eingebogen erscheint.

Duchenne rühmt die Biegsamkeit der Wirbelsäule und die Concavität des Lendentheiles in seiner Verbinduug mit dem Kreuzbeine, die Sattelbildung, wie er es nennt, an den Spanierinnen, namentlich an den Andalusierinnen. Er sagt (l. c. S. 575): »Ich habe spanische Damen gesehen, deren Lendenkrümmung und deren Streckbewegung der Lendenwirbel so bedeutend war, dass sie sich hinten überbiegen konnten, bis sie mit dem Kopfe den Boden berührten.«

kleinsten Querdurchmesser des Rumpfes, den man zwischen Hüftbeinkamm und Rippen findet.

Man denke sich die medicäische Venus gerade aufgerichtet, so wie sie Schadow in seinem »Polyklet« gezeichnet hat. Dann betragen, die Länge der ganzen Gestalt gleich 100 gesetzt, die drei erwähnten Dimensionen nach der Abbildung obigen Werkes: die Schulterbreite 25, der kleinste Querdurchmesser des Rumpfes 15·4, die Hüftbreite 20·5.

Ich habe diese Masse nach der Abbildung gegeben. Es ist möglich, dass sich bei erneuerter Untersuchung des

---

Diese Möglichkeit hängt wesentlich von der Biegsamkeit der Wirbelsäule und von der Energie der Streckmuskeln ab, ferner von der Gestalt des Brusttheiles der Wirbelsäule. Sie ist um so eher vorhanden, je weniger derselbe in seiner natürlichen Gleichgewichtslage nach hinten convex, nach vorne concav ist. Das in Rede stehende Kunststück, welches nach auf uns gekommenen Darstellungen schon im Alterthume von einzelnen Gauklerinnen gezeigt wurde, kann bei schwacher anatomischer Beckenneigung sogar leichter ausgeführt werden, als bei starker, denn je mehr Spielraum des *Ligamentum ilio-femorale* für eine Rückwärtsbiegung des Rumpfes gegen die Oberschenkel gewährt, um so geringer braucht die Krümmung im Lendentheile der Wirbelsäule zu sein.

Biegsamkeit der Wirbelsäule ist sicher unter allen Umständen ein Vortheil für eine Gestalt und für alle ihre Bewegungen, aber sie ist unabhängig von der Länge des *Ligamentum ilio-femorale* und hängt vielmehr von der Beschaffenheit der Wirbel, ihrer Zwischenscheiben und ihrer Bänder ab, ferner von der Beschaffenheit des Brustkorbes, der Steifigkeit seiner Gebilde und dem Widerstande, welchen sie den Bewegungen der Wirbelsäule entgegensetzen. Kinder von etwa 6 Monaten biegen, wenn man sie auf den Bauch legt und sie, sich auf den Armen aufstemmend, den Kopf heben, den Brusttheil der Wirbelsäule concav ein, wie es der Erwachsene nicht vermag.

Wer die Antiken vorurtheilsfrei betrachtet, wird mir beistimmen, dass die griechischen Bildhauer starke Beckenneigung nicht bevorzugten, weder an Männern noch an Weibern, wenn auch einzelne Figuren mit solchen vorkommen. Letztere sind hier weniger zahlreich als unter den Gestalten der Hochrenaissance. Andererseits betrachte man nur die zahlreichen schönen Profilgestalten auf Reliefs und auf Vasengemälden, bei denen Brust und Schultern nach rückwärts, Kopf und Becken nach vorwärts ausweichen. Die hier entstehenden Linien sind bei starker anatomischer Beckenneigung gar nicht zu erzielen.

Originales die relative Hüftbreite als etwas grösser ergibt. Was aber wesentlich für uns ist, die Abbildung macht einen ganz guten Eindruck, keineswegs den einer Figur, die zu schmal in den Hüften ist.

Ich will noch hinzufügen, dass bei wohlgebauten Weibern die grösste Hüftbreite niemals oberhalb der Rollhügel, sondern entweder in der Höhe der Rollhügel oder besser unterhalb derselben zu suchen ist. Ich sage »besser unterhalb der Rollhügel«, denn da, wo schon beim Stehen auf zwei Füssen der Schenkelcontour sich nach abwärts vom Rollhügel nicht mehr ausbaucht, im Gegentheile der Querdurchmesser sofort kleiner wird, da tritt, wenn man die Figur auf Standbein und Spielbein stellt, leicht eine hässliche Abflachung an der Aussenseite des Oberschenkels des Standbeines und ein eckiges Hervortreten des Rollhügels desselben Beines ein. Es ist dies ein Fehler, den ich später noch näher besprechen werde.

Zu ihrem Nachtheile zeigen sich Gestalten mit breiten Hüften, wenn sie liegend so dargestellt werden, dass sie auf dem einen Rollhügel aufruhen. Der andere ist dann sehr hoch gestellt, der Contour steigt gegen die Weichseite hin jäh nach abwärts und macht eine schlechte Linie, besonders wenn der Oberkörper auf den Ellbogen gestützt und die Wirbelsäule dadurch im Lendentheile seitlich gebogen ist. Leider weist die moderne Kunst dergleichen widerwärtige Figuren zahlreich auf.

Einige Künstler haben geglaubt ihre Evagestalten mit ungewöhnlich breiten Hüften versehen zu müssen. Sie wollten dadurch die Eignung der Mutter des Menschengeschlechtes zum Gebären andeuten. In den Augen des Arztes aber kann eine mittlere Hüftbreite für jede Art von Fruchtbarkeit genügen. Die Beckendimension, welche durch ihre Kleinheit am häufigsten Geburtshindernisse bereitet, ist keineswegs derjenige quere Beckendurchmesser, welcher durch den Abstand der beiden Hüftgelenkpfannen von einander bedingt wird, sondern ein Durchmesser, den man sich vom oberen Ende des Kreuzbeines zur Symphyse der Schambeine hingezogen denken muss. Ausserdem ist aber auch die Hüftbreite nicht ausschliesslich abhängig von dem Abstande der beiden Gelenkpfannen von einander, sondern auch von der Länge und der mehr horizontalen oder mehr steilen Stellung des Oberschenkelbeinhalses.

Modelle mit zu grosser Breite der Hüften haben auch nur bei dicken runden Schenkeln einen vollkommenen Schenkelschluss, sind die Schenkel etwas dünner und dabei vielleicht die Beckenneigung etwas stärker, so wird der Schenkelschluss mangelhaft, und das ist wohl einer der hässlichsten Fehler, welche ein weibliches Modell haben kann.

VII.

Die Beine und die Füsse.

Im Kniegelenke finden wir wiederum ein Band, welches die Ueberstreckung beschränkt und dadurch ermöglicht, dass wir keiner besonderen Muskelanstrengung bedürfen, um beim Stehen die Oberschenkel auf den Unterschenkeln aufrecht zu erhalten. Es ist dies das vordere Kreuzband (*Ligamentum cruciatum anterius*) des Kniegelenkes.

Sieht man die obere Gelenkfläche des grossen Unterschenkelknochens (*Tibia*) an, so bemerkt man in deren Mitte eine Erhabenheit (*Eminentia intercondyloidea tibiae*) und vor derselben eine Grube. Aus dieser entspringt ein starkes Band, welches, da es sich mit einem anderen kreuzt, das hinter jener Erhabenheit entspringt, als vorderes Kreuzband des Kniegelenkes bezeichnet wird. Die Fasern dieses Bandes verlaufen schräg nach oben, aussen und hinten und setzen sich an die innere Seite des äusseren Gelenkhügels des Oberschenkelbeines (*Condylus externus femoris*). Wird der Unterschenkel gegen den Oberschenkel gestreckt, so wird dieses Band angespannt und verhindert die weitere Ueberstreckung. Je länger dieses Band ist, je mehr Spielraum es gewährt, um so kleiner wird der Winkel, den der Oberschenkel beim ruhigen, möglichst bequemen Stehen mit dem Unterschenkel macht, je weniger Spielraum das Band gewährt, umsomehr nähert sich dieser Winkel der Grösse von zwei rechten, das heisst von 180 Grad. Wenn wir die Gestalt des Beines betrachten, so müssen wir zunächst von der Stellung ausgehen, in der bei aufrechtem Stehen die Zehen nach vorne gewendet, beide Füsse in ihrer ganzen Länge unterstützt sind und das vordere Kreuzband angespannt ist.

Es ist dies dieselbe Stellung, von der wir auch bei gespanntem *Ligamentum ilio-femorale* ausgehen mussten, wenn wir die Beckenneigung beurtheilen wollten, weil der Mensch, wenn er beim Stehen die Knie beugt, seinem Becken eine geringere Neigung gegen den Horizont geben kann, als demselben von Natur zukommt.

Das vordere Kreuzband des Kniegelenkes ist bei den Modellen nie zu kurz, wohl aber häufig zu lang. Zu kurz kann es nie sein, weil es bei allen normal entwickelten Menschen schon in früher Jugend so weit gedehnt wird, dass es die vollständige Streckung des Beines gestattet. Ob es zu lang ist, das ermittelt man in folgender Weise. Man bringt das Modell in die erwähnte Stellung, begibt sich in Profilansicht und sucht die Mitte in der grössten Breite des Oberschenkels, doch noch unterhalb der Stelle, wo der hintere Contour des Oberschenkels in den Contour der Hinterbacke übergeht. Von dieser Mitte denkt man sich eine gerade Linie zum äusseren Fussknöchel (*Malleolus externus*) gezogen. Diese Linie kann man sich zur Anschauung bringen, indem man einen schwarzen Faden mit beiden Händen ausspannt und ihn in solcher Lage vor das Auge bringt, dass er sich als die besagte Linie auf das Bein projiciert. Sie theilt dann den Oberschenkel in eine vordere und eine hintere Hälfte und muss durch die Mitte des Knies gehen. Je mehr sie nach vorne gegen die Kniescheibe zu fällt, umsomehr ist das vordere Kreuzband zu lang und deshalb das Knie nach rückwärts durchgebogen.

Es muss übrigens bemerkt werden, dass eine nur geringe Abweichung in diesem Sinne, namentlich bei kräftigen Männerbeinen, nicht unter allen Umständen schlecht ist.

Bei einzelnen Individuen und bei gewissen Stellungen können Beine, deren Knie etwas weiter nach rückwärts steht, als es nach der obigen Regel der Fall sein soll, recht gute Linien geben. Um den Verlauf der erwähnten Hilfslinie zu zeigen, habe ich sie in untenstehende Holzschnitte hineingezeichnet. Fig. 26 stellt das Bein eines Mannes, Fig. 27 das eines Weibes dar, beide nach Photo-

Fig. 26. Fig. 27.

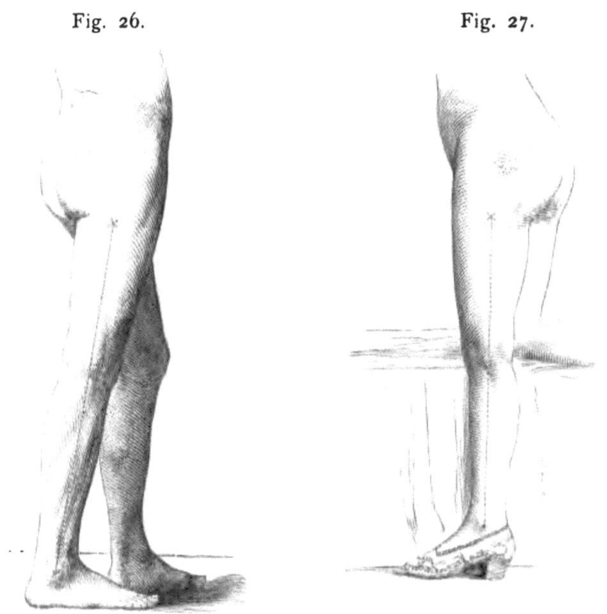

graphien, die vom Leben abgenommen waren. Man könnte einwenden, dass beide Figuren nicht reine Profilstellungen sind, für das Bein ist dies aber dennoch der Fall. Die Wendung, welche etwas von der Rückseite zeigt, liegt bei beiden Figuren im Hüftgelenk.

Abgesehen von den Beinen, bei denen das vordere Kreuzband des Kniegelenkes zu lang ist, gibt es noch eine andere Art von fehlerhaften Beinen, deren Anomalie gleichfalls in der Profilansicht zu Tage tritt. Sie sehen aus als ob Oberschenkel und Unterschenkel nicht richtig aufeinander ständen, der Oberschenkel zu weit nach vorne, der Unterschenkel zu weit nach rückwärts. Sie kommen vor bei geringer Beckenneigung, stark entwickelter Muskulatur und mit ihrer Convexität nach vorne gewendeten Oberschenkelknochen. Der Einfluss der letzteren ist klar, die starke Muskulatur wirkt durch die starke Ausladung, welche die Strecker des Kniegelenkes einerseits und die Wadenmuskeln andererseits bedingen. Die geringe Beckenneigung kommt insofern in Betracht, als bei derselben der rückwärtige Contour des Oberschenkels mehr gegen den der Wade zurücktritt, als dies bei starker Beckenneigung der Fall ist. Solche Beine sind unschön, sie können aber bei gedrungenen, kräftigen Männergestalten charakteristisch wirken. Betrachten wir jetzt die Ansicht von vorne.

Man nimmt an, dass bei einem aufrecht und mit geschlossenen Beinen und Füssen stehenden Menschen beide Beine sich viermal berühren sollen, und zwar: 1. in der oberen Partie der Oberschenkel, 2. zwischen den Knien oder, genauer gesagt, zwischen den inneren Condylen der beiden Oberschenkelbeine, 3. mit den stärksten Ausladungen der Waden nach innen, 4. mit den inneren Knöcheln.

Schadow hat alle in seinem »Polyklet« in dieser Stellung vorkommenden Figuren so gezeichnet. Diese Regel kann auch als richtig angesehen werden, zunächst für den weiblichen Körper; nur ist hinzuzufügen, dass bei kräftigen und einigermassen fettreichen Schenkeln, auch die Oberschenkel in ihrer ganzen Länge oder doch nahezu in ihrer ganzen Länge einander berühren können, ohne dass dies als ein Fehler anzusehen ist. Es ist sogar nicht unwahrscheinlich, dass dies bei der fleischgewordenen medicäischen Venus der Fall sein würde. Schadow, der sie, nach den Massen aufgerichtet, in besagter Haltung dargestellt hat, zeichnet sie nicht so; aber der untere Theil der Oberschenkel erscheint mir schlanker als im

Original. Wohl ist es indessen als ein Fehler anzusehen, wenn bei aneinandergelegten Knöcheln die Knie nicht vollständig gestreckt werden können, ohne dass zwischen den Condylen der Oberschenkel ein Druck, eine Reibung entsteht. Sie müssen sich mit gleichnamigen Theilen ohne Druck aneinanderlegen, und es darf nicht der eine über den anderen hinüberschnappen. Ist letzteres der Fall, so stehen die Knie zu weit nach innen, man hat es schon, wenn auch in niederem Grade, mit sogenannten X-Beinen zu thun. Bei der Häufigkeit dieses Fehlers an weiblichen Modellen hat man sich wohl vor demselben zu hüten und darf sich auch nicht irre machen lassen dadurch, dass an einzelnen berühmten weiblichen Figuren das Knie nach innen gestellt ist. Dies ist z. B. bei der medicäischen Venus der Fall, aber es rührt nur von der Stellung des im Knie etwas gebeugten Spielbeines her; wenn man das Standbein untersucht, so wird man es gerade finden. Nicht nur an weiblichen Figuren findet man in dieser Beziehung fehlerhafte Beine, sondern auch an Engeln. Es rührt dies wohl daher, dass die Künstler für ihre Engel vielfach weibliche Modelle benützten.

Die gegentheilige Abweichung von der Norm ist, wenn sie bedeutend ist, bei weiblichen Gestalten sehr hässlich und fällt hier umsomehr auf, als sie in der Wirklichkeit selten ist. Ein geringer Grad dieser Abweichung, bei dem aber noch das ganze Bein seine gerade Gestalt fehlerlos beibehält, kann wenig bemerkt werden. Die drei Grazien der Dombauwerkstätte in Siena gehören gewiss zu den edelsten Mädchengestalten, welche uns das Alterthum hinterlassen hat, und doch, wenn man diejenige von ihnen betrachtet, welche uns auf der lombardischen Photographie den Rücken zuwendet, es ist die kopf- und fast armlose, so kann man zweifeln, ob bei aneinander geschlossenen Füssen wirklich die Knie auch einander berühren würden.

Beim männlichen Modell ist der Schluss zwischen den Knien noch weniger ein directes Erfordernis, als beim weiblichen. Es soll hier zwar kein grosser Zwischenraum vorhanden sein, wie dies bei den sogenannten Säbelbeinen der Fall ist; andererseits ist es aber auch nicht nöthig, dass wirklich Berührung zustande kommt. Ebenso verhält es sich mit der Berührung der Waden. Es ist hier der Ort, auf ein paar Hilfslinien aufmerksam zu machen, mittelst welcher man nicht nur ein lebendes Bein, sondern auch jedes gestreckte Standbein einer Statue beurtheilen kann, dessen Zehen nach vorne gewendet sind. Es sind dies zwei gerade Linien, die auf dem höchsten Punkte des Fussristes einander treffen. Die eine geht von der Mittelebene des Körpers in der Höhe der Schamtheile aus, die andere von der Stelle des seitlichen Umrisses der Hüfte, an welcher der grosse Rollhügel unter der Haut liegt. Nun dürfen die Knie bei geschlossenen Beinen so weit von einander entfernt sein, dass die Kniescheibe in die Mitte zwischen diese beiden Linien fällt, weiter nicht.

Die Kunst der Renaissance, selbst die der Frührenaissance, weist freilich einige stärker geschwungene Beine auf, aber ich finde nicht, dass man ihr hierin folgen soll. Die deutsche Renaissance zeigt gelegentlich geradezu krummbeinige Gestalten. Man hat sie in neuerer Zeit bei der Ausführung von Objecten im Geschmacke der deutschen Renaissance an Ornamentalfiguren nachgeahmt, um dem »Styl gerecht« zu werden.

Diese stylgerechten Beine sind meistens in doppelter Beziehung fehlerhaft, erstens ist das Knie zu weit nach rückwärts durchgebogen, als ob sein vorderes Kreuzband (*Ligamentum cruciatum anterius*) zu lang wäre, und zweitens stehen die Knie mehr nach aussen als recht ist.

Bisweilen ist aber letzteres nicht der Fall, und doch ist auch die Ansicht des Beines von vorne schlecht, und zwar deshalb, weil das Bein so modelliert ist, als ob das Schienbein in seinem oberen Theile in einer Weise nach innen concav wäre, wie es zwar vorkommt, wie es aber weder schön noch normal ist.

Uebrigens wirken diese Beine bei Männergestalten immer noch besser als diejenigen, bei denen die Knie zu weit nach innen stehen und zugleich zu stark nach rückwärts durchgebogen sind. Es sind dies die schlechtesten Beine von allen, und man sollte nie ein Modell verwenden, dem sie eigen sind. War es nöthig, auf ihre Hässlichkeit aufmerksam zu machen? Die ornamentale Plastik des vorigen Jahrhunderts weist Herkulesgestalten auf, die sie, man möchte fast sagen, in schamloser Weise zeigen.

Die Gestalt der Beine, welche man als X-Beine bezeichnet und welche bei Weibern so häufig ist, gibt auch zu einer Entstellung des Knies beim Beugen desselben Veranlassung. Jene Gestalt beruht auf zu ungleicher Höhe der beiden Gelenkshügel des Oberschenkelbeines.

Setzt man das Oberschenkelbein eines Skelettes auf das Unterschenkelbein, so dass sich die Gelenksflächen berühren, so bilden beide Knochen mit einander nicht eine gerade Linie, sondern einen nach aussen offenen stumpfen Winkel, der um so kleiner ist, je ausgeprägter die X-Beinform im Leben war. Wird also ein solches X-Bein im Knie gebeugt, so ragt auch der innere Gelenkhügel des Oberschenkelbeines stärker hervor als beim normalen Beine, und die Furche zwischen beiden Condylen, welche der Kniescheibe als Führung dient, ist mehr nach aussen, weniger nach vorne gewendet, als bei geraden Beinen. Die Folge davon ist, dass sich im gebeugten Knie die Kniescheibe mehr nach aussen wendet und dadurch eine um so grössere Entstellung hervorbringt, je grösser sie ist und je mehr sie hervorragt, während, wie erwähnt, an ihrer Innenseite ein zweiter hässlicher Höcker liegt, der innere Gelenkknorren (*Condylus internus*) des Oberschenkelbeines.

Eine eigenthümlich ungünstige Ansicht zeigen manche Modelle, wenn sie, wie dies in der Regel für stehende Figuren geschieht, auf Standbein und Spielbein gestellt sind und dabei auf der Seite des Spielbeines wenig Stütze finden, so dass der ganze Körper fast ausschliesslich auf dem Standbeine äquilibrirt ist. Dann sieht man den äusseren Schenkelcontour des letzteren schwunglos und fast geradlinig von der Aussenseite des Kniegelenkes zum grossen Rollhügel (*Trochanter major*) emporsteigen, der dabei eine hässliche, eckige Hervorragung macht.

Der untenstehende Holzschnitt (Fig. 28), nach einer vom Leben genommenen Photographie, zeigt eine solche

Fig. 28.

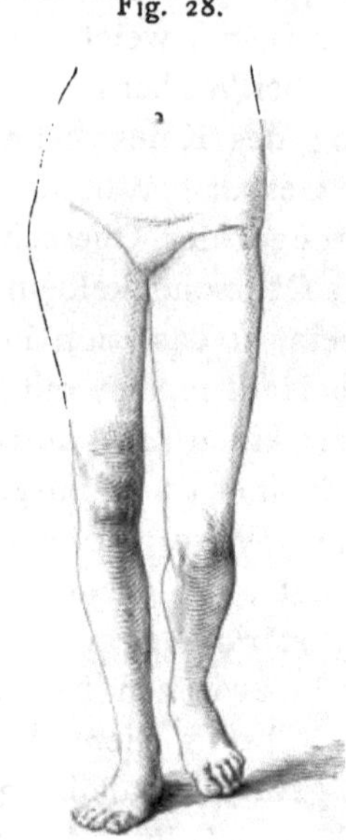

schlechte Linie, aber noch lange nicht in ihrer abschreckendsten Gestalt.

Wenn wir nach den Ursachen dieser Deformität fragen und zunächst die Knochen betrachten, so können wir nicht umhin zu bemerken, dass sie zunächst begünstigt wird durch langen, horizontal gestellten Schenkelhals, der, bei hinreichender Breite des Beckens zwischen den Gelenkköpfen, den grossen Rollhügel jederseits stark nach aussen treten lässt. Ist dabei die Darmbeinschaufel steil gestellt, so wird sich ihr oberer Rand an der Seite des Standbeines nach innen bewegen, weil das Becken sich neigt, weil es über dem Standbeine höher steht als über dem Spielbeine. Die Folge davon ist, dass sich der Hüftcontour über dem Rollhügel stark nach innen wendet und dadurch letzteren noch eckiger hervortreten lässt.

Auch die Form der Röhre des Oberschenkelbeines kann von Einfluss sein. Es gibt Oberschenkelbeine, deren mittlerer Theil, wenn man sie von vorne betrachtet, eine Abweichung nach innen wahrnehmen lässt, die man bei anderen nicht findet.

Solche Oberschenkelbeine müssen einen mehr geradlinigen äusseren Schenkelcontour geben, denn gerade wo derselbe durch den grossen äusseren Schenkelmuskel seitlich hervorgerundet werden soll, ist die knöcherne Unterlage dieses Muskels mehr nach innen gerückt.

In zweiter Reihe kommt das Zusammenwirken der Muskeln in Betracht. Wenn der Körper auf der Seite des Spielbeines wenig oder gar nicht gestützt ist, so sind es der mittlere und der kleine Gefässmuskel (*M. glutaeus medius* und *glutaeus minimus*), welchen in erster Reihe die Arbeit obliegt, den Rumpf aufrecht zu erhalten, denn sie gehen von der äusseren Wand der Darmbeinschaufel zum grossen Rollhügel. Eine wesentliche Hilfe aber erwächst ihnen aus der Zusammenziehung des Spanners der grossen Schenkelbinde, des *Tensor fasciae latae*. Durch die Zusammenziehung desselben wird aber eben die *Fascia lata* wie eine anschliessende und durch einen zu stark angezogenen Hosenträger gespannte Hose über den Schenkel hinaufgezogen und dadurch der Schenkelcontour straff und geradlinig gemacht.

Endlich kann auch noch ungünstige Vertheilung des Fettes auf dem Schenkel und Mangel desselben in Betracht kommen.

Nicht zu allen Zeiten hat die Hässlichkeit dieser Gestaltung von ihrer Nachbildung abgehalten. Auf der

Jahresausstellung des Wiener Künstlerhauses von 1884 befand sich eine überlebensgrosse Gypsgruppe, deren weibliche Figur, obgleich sie durch ihre Schönheit wirken sollte, diesen Fehler in auffälliger Weise zeigte.

Der Realismus rechtfertigt ihn, weil man ihn in der Wirklichkeit in der That sehr häufig sieht, und auch bei sonst durchaus wohlgestalteten Menschen durch die Contraction des Spanners der grossen Schenkelbinde der äussere Contour des Oberschenkels flach und schwunglos wird.

Der Holzschnitt (Fig. 28) ist getreu nach der Photographie eines ausgezeichneten akademischen Modells angefertigt. Aber die Linie ist gelegentlich doch so schlecht, dass man sie vermeiden muss. Am besten bleibt sie bei Individuen, deren Oberschenkel in ihrem mittleren Theile eher nach aussen als nach innen gekrümmt sind, und bei denen der Rollhügel wenig hervorragt, wenn sie dabei eine gut entwickelte Muskulatur haben und das Fett des Oberschenkels so vertheilt ist, dass es die Rundung des äusseren Contours vermehrt.

Wenn das Modell diesen Fehler zeigt und man dasselbe nicht wechseln will, so muss man suchen, wenn es die Action sonst zulässt, auf der Seite des Spielbeines mehr Stütze zu geben und dadurch eine günstigere Configuration zu erzielen. In der Praxis scheuen sich auch die Künstler nicht, in solchen Fällen einfach nach dem Gefühle zu corrigieren.

Ein häufiger Fehler der Modelle, Männer und Weiber, sind dicke Knie. Sie sind sehr hässlich, und so oft sie auch bei sonst wohlgestalteten Individuen vorkommen, so soll sich der Künstler doch nie verführen lassen, sie nachzumachen. Die griechischen und römischen Bildhauer vermeiden sie sorgfältig. Selbst der farnesische Herkules, gewiss die plumpste Figur, die das Alterthum uns hinterlassen hat, hat keine dicken Knie.

Die Ursache dicker Knie ist zunächst ein grober Knochenbau und damit verbundene grössere Dicke der

Gelenkenden, hier zunächst der Condylen des Oberschenkelbeines. Es steht indessen die Massigkeit der letzteren nicht immer in einem bestimmten Verhältnisse mit der des ganzen Knochenbaues. Man findet dickere Oberschenkelbeine mit weniger massigen Condylen, und wieder dünnere, an denen sie grösser entwickelt sind. Auch Fettablagerung kann den Umfang des Knies vergrössern und ist um so schädlicher, je weniger sie mit dem Fettreichthume des übrigen Körpers im Einklange steht, und je mehr sie Einzelnheiten in der Form verwischt. Bei im Allgemeinen wohlbeleibten Modellen haben bedeutende Meister auch dieses Fett an den Knien treu copiert, obgleich sie es ohne Schaden hätten abschwächen können, so die Caracci in einigen Figuren ihrer Fresken im Palazzo Farnese und Guido Reni in seinen schwebenden Glücksgöttinnen, deren Handgelenke auch mehr Fett zeigen, als nothwendig ist, wie dies auch bei anderen weiblichen Figuren desselben Meisters vorkommt.

Endlich darf nicht unerwähnt bleiben, dass häufiges und anhaltendes Knien auf hartem Boden die Knie verdirbt, sei es durch Wucherungen in der Haut und im Unterhautzellgewebe, sei es durch Veränderungen in Theilen, welche dem Kniegelenke selbst angehören.

Die Kniescheibe soll klein und deutlich erkennbar sein. Dabei soll sie aber nicht hervorragen, nicht sogenanntes spitzes Knie machen. Unter ihr soll sich auch kein Senkel befinden, wie er durch vieles Knien hervorgebracht wird, es soll im Gegentheile die Verbindung der Kniescheibe mit dem Schienbeine, die grosse Strecksehne des Gelenkes, kenntlich sein, doch ist dies nur dann der Fall, wenn die Strecker gespannt sind, wenn sie erschlafft sind, senkt sich die Kniescheibe, und die nunmehr entspannte Strecksehne wirkt nicht mehr durch die Bedeckungen hindurch.

Beim Unterschenkel ist hauptsächlich auf zweierlei zu achten, auf eine reine Schienbeinlinie und auf eine gut ausgeprägte Wade.

Die Schienbeinlinie soll im allgemeinen gerade verlaufen, nicht geradlinig, denn das ist sie nie; aber sie soll keine ungewöhnliche Concavität zeigen und nicht durch locale Hervorragungen des Knochens in ihrem gleichmässigen Verlaufe unterbrochen sein.

Das, was wir Schienbeinlinie nennen, verdankt in keiner Action und in keiner Ansicht seine Gestaltung ausschliesslich dem Knochen, ausschliesslich der *Tibia.* Am meisten ist dies noch der Fall in der Rückenlage mit nach abwärts gewendeten Waden und erschlafften Muskeln, aber auch dann nicht ganz vollständig. Im unteren, in dem dem Fusse nächsten Theile, liegen zwei Sehnen, die des vorderen Schienbeinmuskels (*M. tibialis anticus*) und die des langen Streckers der grossen Zehe (*M. extensor hallucis longus*), oberflächlicher unter der Haut als das Schienbein selbst und übernehmen deshalb die Führung der Linie. An stehenden Figuren tritt ausserdem beim Standbeine der Muskelbauch des vorderen Schienbeinmuskels nach vorne über das Schienbein hinaus und verändert dadurch die Profilansicht des Unterschenkels. Diese Ausladung, welche namentlich bei kräftigen Männerbeinen stark ausgesprochen ist, ist nicht zu vernachlässigen, aber sie ist schwer zu behandeln, da das Bein durch ihre zu starke Hervorhebung leicht etwas Plumpes, etwas Keulenförmiges bekommt, indem die Muskulatur der Wade gleichzeitig nach hinten ausladet.

Das Heraustreten des vorderen Schienbeinmuskels ist am stärksten in der activen Dorsalflection, das heisst dann, wenn man die Zehenspitzen sammt dem Fusse nach aufwärts richtet und die Ferse nach abwärts, es verschwindet dagegen, wenn man die Zehen nach abwärts streckt und Fuss und Zehen möglichst in eine Richtung mit dem Unterschenkel zu bringen sucht.

Bei mageren Individuen springt am Standbeine eine Linie zwischen dem Muskel und dem Knochen ein. Wenn man dieselbe in ein Kunstwerk überträgt, so mache man wenigstens ihre kleinen Bewegungen nicht ängstlich nach, denn dieselben rühren von Unregelmässigkeiten in der vorderen Kante des Schienbeines her, die nichts zur Verschönerung beitragen. Es ist deshalb besser, sie abzuschwächen.

Die Wade des Mannes soll von der Kniekehle bis zur Ferse in drei äusserlich mehr oder weniger sichtbare Abtheilungen gegliedert sein: Die erste machen die Bäuche der Zwillingsmuskeln (*Musculi gastrocnemii*) aus, die zweite

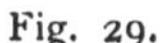

Fig. 29.

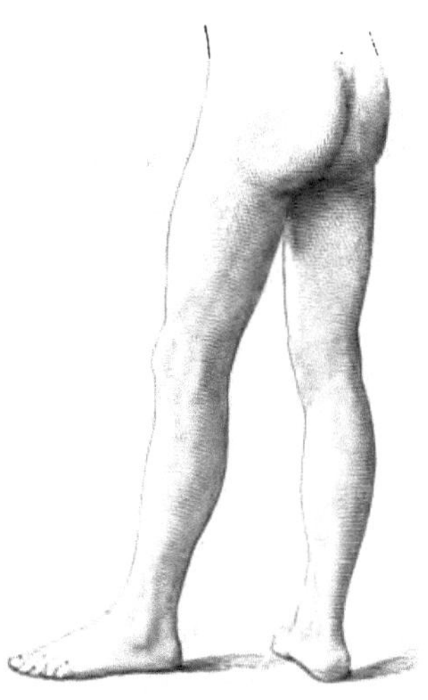

deren platte Sehne mit dem darunter liegenden grossen Wadenmuskel (*Musculus soleus*), und die dritte die gemeinsame Sehne aller drei Muskeln, die Achillessehne mit ihrem Ansatze an das Fersenbein. Durch die Action tritt die Gliederung deutlich zu Tage, während sie sich bei erschlafften Muskeln vollständig verwischen kann. Bei nicht sehr kräftigen Wadenmuskeln ist sie auch beim gewöhnlichen Stehen unvollständig, wie dies die in Fig. 29 nach einer Photographie vom Leben dargestellten Beine zeigen, an deren einem auch die Ausladung des vorderen Wadenbeinmuskels zu sehen ist. Bei Statuen tritt die Gliederung am Spielbeine meist deutlicher hervor als am Standbeine, weil an letzterem die Wadenmuskeln mehr oder weniger gereckt sind, sobald dasselbe wie gewöhnlich in der ganzen Sohle seine Stütze findet. Wenn dagegen ein Bein mit dem Fusse nur auf dem Ballen aufruht, während die Ferse gehoben ist und dieses Bein doch dabei dem Körper wesentlich mit zur Stütze dient, oder in der Bewegung gegen den Boden gedrückt wird, dann tritt diese Gliederung stark hervor.

Bei der weiblichen Wade ist dieselbe Gliederung zwar auch vorhanden; aber bei einer Fettbedeckung, wie man sie am weiblichen Körper noch als normal und keineswegs unschön zu betrachten hat, ist sie weniger im einzelnen zu verfolgen als beim Manne. Es entsteht dadurch ein Unterschied beider Geschlechter im Profilcontour. Denkt man sich das Bein des Mannes so gestellt, dass der Contour der Achillessehne senkrecht verläuft, so wendet sich derselbe am Beginn der platten Sehne der Zwillingsmuskeln etwas schräg nach rückwärts und steigt in dieser Richtung fast geradlinig auf bis zur Anheftung der Muskeln an eben diese Sehne. Dann kommt die grosse durch die Fleischmasse der Zwillingsmuskeln bedingte Ausladung, welche der grössten Dicke der Wade entspricht. Denkt man sich ein weibliches Bein in dieselbe Lage gebracht, so wendet sich der der Achillessehne folgende Contour etwas früher schräg nach rückwärts und läuft dann ohne Unterbrechung bis zur grössten Dicke der Wade fort, so dass die Muskelbäuche der Wadenmuskeln hier nur bei starker Verkürzung als solche hervortreten, zum Beispiel beim Erheben des Körpers auf den Zehen.

Der grösste Durchmesser der Wade von vorne nach hinten muss gross sein im Verhältnisse zu dem grössten Querdurchmesser. Unter Waden, welche den entsprechenden Umfang zeigen, findet man nicht leicht solche, deren grösster Querdurchmesser zu klein wäre im Verhältnis zum grössten Tiefendurchmesser. Breite und flache Waden sind hässlich und ein Attribut niederer Rassen. Sie sind deshalb bei Idealfiguren in allen Fällen zu vermeiden.

Der grösste Umfang der Wade muss mindestens dem des Halses derselben Figur gleichkommen, kann denselben aber auch ohne Schaden übertreffen. Bei gut entwickelter Muskulatur der Unterschenkel und reinem, fehlerfreiem Halse ist dies in der Wirklichkeit die Regel, wie dies schon früher erwähnt wurde.

Bei den Füssen muss der Spann, der Rist, nach oben gewendet sein, nicht schräg nach oben und innen, wie dies bei den sogenannten Plattfüssen, den nach innen getretenen Füssen, der Fall ist. Im gewöhnlichen Leben gilt ein hoher Rist für eine Schönheit. Bei den Antiken ist diese Schönheit nicht in hervorragender Weise ausgeprägt, und ich glaube nicht, dass ein Künstler Veranlassung finden wird, in dieser Beziehung unter das Mass der Antiken hinunter zu gehen. Eine andere Frage ist es, ob er dasselbe überschreiten dürfe. Die Figur der Harmonie von dem spanischen Bildhauer Juste Gandarias, welche auf der Wiener Ausstellung von 1882 zu sehen war, zeigte eine solche Ueberschreitung. Sie war hier begreiflich durch das Modell veranlasst worden, denn der Fuss der Spanier und Spanierinnen ist ausgezeichnet durch seinen hohen Rist. Der Eindruck war etwas genrehaft, aber nicht gerade schlecht. Es sind schon schlimmere Abweichungen der Modelle von den Antiken nachgemacht worden.

Ein häufiger und namentlich bei niedrigem Rist vorkommender Fehler des Fusses ist eine zu lange Ferse. Der Fuss ist über das Mass nach rückwärts verlängert und die Profillinie, welche dem unteren Verlaufe der Achillessehne folgt, ist über das Mass concav. Dieser Fehler muss sorgfältig vermieden werden, denn er ist sehr hässlich und gibt dem Fusse ein gemeines Aussehen.

Solchen Füssen mit niedrigem Rist und langer Ferse fehlt auch die nöthige Höhlung der Sohle; diese kann aber auch bei normalem Rist und normaler Ferse fehlen, wenn am mittleren Theile der Sohle zu reichliche Fettablagerung vorhanden ist.

In Rücksicht auf Länge der Zehen sind die Meinungen verschieden. Einige wollen, dass die erste Zehe am meisten nach vorne hervorrage, andere wollen, dass sie etwas hinter der zweiten zurückbleibe, noch andere wollen beide gleich lang gemacht wissen. Es ist bekannt, dass an den Antiken die zweite Zehe länger zu sein pflegt, an den jetzt lebenden Menschen die erste. Einige sind der Ansicht, dass letzteres Folge des Schuh- und Stiefel-Tragens sei, andere sind der Meinung, die grössere Länge der zweiten Zehe bei den Antiken beruhe auf einer künstlerischen Fiction. Beides ist unrichtig.

Ich goss den auf einen Gypsgrund aufgetretenen Fuss eines alten Mannes ab, an dem sich schon aus dem Augenscheine ergab, dass die zweite Zehe länger sei als die erste, und nahm von dem so erlangten tiefen Sohlenabdruck, der die Zehen noch bis zur vordersten Spitze enthielt, einen Ausguss. An diesem zeigte sich der Abstand vom hintersten Punkte der Ferse zum vorderen Ende der zweiten Zehe = 244 Millimeter, der Abstand von demselben Punkte zum vorderen Ende der ersten Zehe wenig mehr als 242 Millimeter. Die Entfernungen wurden sehr genau mit dem Schubtaster gemessen. Wenn man sich eine Linie durch die Ferse und durch die Mitte der zweiten Zehe gezogen dachte, und auf dieser vom Ende der zweiten Zehe aus eine senkrechte Ebene errichtete, so blieb diese über 2 Millimeter von der Spitze der grossen Zehe entfernt. Die Verhältnisse der Zehen dieses Fusses unterschieden sich nicht wesentlich von denen antiker Statuen, und doch hatte der Mann seit seiner frühesten Jugend das gewöhnliche Schuhwerk getragen.

Man hat es hier sicher nicht allein mit äusseren Einwirkungen zu thun, sondern auch mit persönlichen und Rassen-Eigenthümlichkeiten. Ich entsinne mich einer Photographie nach einem armen Fellahmädchen, bei dem die grosse Zehe auffallend länger war als die zweite, und doch hatte das Mädchen sicher niemals Schuhe nach europäischem Muster getragen, wahrscheinlich überhaupt keine.

Von einer künstlerischen Fiction der Bildhauer des Alterthums kann nicht die Rede sein. Ein italienischer Bildhauer sagte mir, dass grössere Länge der zweiten Zehe in Italien zwar Ausnahme sei, aber doch öfters vorkomme.

Zweifelhaft kann es nur sein, ob dieser Bau des Fusses bei den Griechen und Römern des Alterthums der häufigere war, oder ob er nur von den Bildhauern dem gewöhnlichen vorgezogen wurde. Jedenfalls ist der Künstler berechtigt, den Fuss so darzustellen, denn es ist nicht seine Aufgabe, das Gewöhnliche wiederzugeben, sondern das, was er unter dem Vorkommenden für das Schönste hält. Eine hervorragende grosse Zehe, von der die Linie der Zehenenden schräg bis zur kleinen Zehe hinläuft, ist entschieden hässlich.

Zu den Fehlern, welche ganz in der Regel durch das Schuhwerk hervorgerufen werden, gehört die Ablenkung der grossen Zehe gegen die Mittellinie des Fusses und das damit zusammenhängende knorrige Hervorragen des Gelenkes, welches die grosse Zehe mit dem Mittelfusse verbindet, ferner Zusammendrängung der Zehen überhaupt und Verkrümmung der letzten, bisweilen auch der vorletzten Zehe. Auch die Trockenheit, die relative Magerkeit der Füsse bei sonst gut genährten Menschen kommt oft wesentlich auf Rechnung des Schuhwerkes. Schon in das Gebiet des Krankhaften gehört es, wenn der Fuss nicht richtig und fest an den Unterschenkel angesetzt ist, nicht die ganze Sohle gleichmässig auftritt, sondern mehr der innere Rand derselben, was dann bei niedrigem Rist und Verstreichen der Sohlenhöhlung das Bild geben kann, welches der Chirurg mit dem Namen des *Pes vulgus* bezeichnet. Es ist das, was man auch sonst Plattfuss nennt. Man kann sagen, dass für keinen Körpertheil so wenig gute Modelle gefunden werden, als für den Fuss. Menschen, die von Jugend auf nicht nur im Sommer, sondern auch im Winter barfuss gegangen sind, gibt es bei uns kaum, und selbst wenn sie vorhanden wären, würde ihr Fuss, wegen der zahlreichen Insulten, welche er erlitten hat, den antiken nicht ersetzen, der sich auf der Sandale in voller Freiheit und doch geschützt entwickelt hatte. Es ist deshalb den Künstlern zu empfehlen, den Fuss wesentlich an Antiken zu studieren und da, wo sie das Leben zu Hilfe nehmen, die Nachahmung von allem zu vermeiden, was auffällig von den antiken Mustern abweicht.

Darüber, welche Beinlänge die verwendbarste sei, sind die Künstler ziemlich einer Meinung. Sie sagen von einer männlichen Statue oder von einem männlichen Modelle »es hat die Mitte richtig«, und verstehen darunter, dass der äussere Ansatz des männlichen Gliedes in der halben Höhe der ganzen aufgerichteten Figur liege. Je nachdem sie mehr hohe oder mehr gedrungene Gestalten darstellen wollen, machen sie die Beine länger oder kürzer.

Einzelne italienische Meister haben sich durch ihre Modelle verführen lassen, die Beine in unschöner Weise zu kürzen. Der hervorragendste unter ihnen ist Giulio Romano. Die Werke seiner späteren mantuanischen Zeit zeigen mehrfach diesen Fehler.*) Ich habe an verschiedenen Stellen Gelegenheit gehabt, die Vorzüge der italienischen Modelle gegenüber den deutschen hervorzuheben; hier aber muss ich erwähnen, dass die Italiener ebenso wie die Franzosen vorherrschend kurzbeinig sind, kurzbeiniger als die Engländer, Deutschen, Polen und Südslaven. Sie haben auch kürzere Arme, aber während ihnen dies zur

*) Wer nicht Gelegenheit hat, sich hievon in Mantua selbst zu überzeugen, der besuche den »Palazzo Michieli dalle colonne« am Canal grande in Venedig. Die dort befindlichen sehr schönen Arazzi sind nach Zeichnungen von Giulio Romano gefertigt. Studien zu den letzteren finden sich in Wien in der Albertina.

Zierde gereicht, wird durch die Kürze der Beine ihre Gestalt geschädigt. Freilich lässt sich nicht in Abrede stellen, dass kürzere Glieder der Entwickelung der plastischen Formen der letzteren günstiger sind als lange. Bei diesen sieht es nicht selten aus, als ob die unter der Haut liegende Muskulatur hätte gereckt werden müssen, um für die langen Glieder zu genügen.

Wenn uns Modelle vorgeführt würden, welche die Proportionen des Apoll vom Belvedere oder des Apoxyomenos hätten, so würden wir diese gewiss als Wunder von Schönheit anstaunen, falls sie auch die Formen der genannten Antiken zeigten; aber solche Modelle finden wir nicht. Wo wir mit dem Leben zu thun haben, können wir sicher sein, dass bei so gestreckten Gliedern bereits die Formen gelitten haben.

Die Weiber haben im Durchschnitt kürzere Beine als die Männer und dies berücksichtigt auch die künstlerische Darstellung. Aber wie es in der Natur Ausnahmen gibt, so macht sich auch die Kunst ihre Ausnahmen. Solche finden sich nicht etwa nur in der Kunst der Spätrenaissance und des Barockstyls, sondern auch unter den Antiken. Eine Frauengestalt, welche die mittlere relative Beinlänge der Männer und selbst eine etwas grössere zeigt, ist deshalb weder unnatürlich noch unschön. Eine hässlich kurzbeinige weibliche Figur findet sich auf den Fresken des »Palazzo Farnese« in Rom. Es ist diejenige, welche neben dem tamburinschlagenden Herkules sitzt, wahrscheinlich eine Omphale. Dagegen ist die Juno desselben mythologischen Cyklus, entsprechend dem Wuchse, den man ihr zuschrieb, in den Proportionen einer grossen Frau gehalten.

Wenn man einer Figur relativ kurze Beine macht, muss man ihr kräftige Glieder geben. Sie entspricht dann wenigstens einer normalen Wirklichkeit, der des gedrungenen Baues kräftiger Gestalten. Solche Figuren können als Karyatiden an gewissen Bauwerken nicht nur von guter Wirkung, sondern auch die allein möglichen sein, wenn wegen des Baustyls keine langbeinige Figur in das Ganze hineinpassen würde. Aber kurzbeinige Figuren auf schwachen Beinen machen immer einen sehr schlechten Eindruck. Es gibt ein komisches, sehr bekanntes Bild, auf dem zwei stehende Frösche mit dem Fleuret fechten. Man denke sich diese Frösche durch Kröten ersetzt: wie hässlich, wie abgeschmackt! Eine Figur auf kurzen und zugleich schwachen Beinen erinnert an eine solche stehende Kröte.

Ein häufiger Fehler der Beine, selbst solcher, die sonst wohlgestaltet und deren Oberschenkel von richtiger Länge sind, besteht darin, dass die Unterschenkel relativ zu den Oberschenkeln zu kurz sind, während das Gegentheil bei normal entwickelten Individuen kaum jemals vorkommt. Berühmte antike Bildwerke sind in Rücksicht auf die relative Länge der Unterschenkel dem gewöhnlichen Masse merklich voraus. So der vaticanische Apoll und die medicäische Venus in ihrer jetzigen Gestalt. C. Langer (l. c. S. 61) bezeichnet das bei ihnen gefundene Verhältnis geradezu als widernatürlich.

Andererseits macht es einen sehr schlechten Eindruck, wenn die zufällig relativ kurzen Unterschenkel eines Modells in das Kunstwerk übertragen werden, wie dies durch einzelne italienische Meister gelegentlich geschehen ist.

Der Künstler wird bei der Beurtheilung des Modells am besten thun, von dem Grundsatze auszugehen, dass am Lebenden der Unterschenkel relativ zum Oberschenkel wohl zu kurz, aber niemals zu lang sein kann, wenn der Oberschenkel normal entwickelt, nicht etwa durch Verkrümmung gekürzt ist.

Schlussbemerkungen.

Wenn wir das Vorhergehende überblicken und fragen: Was bedingt die Schönheit der menschlichen Gestalt? so ist es in erster Reihe das Skelet. Es muss schön sein in den Proportionen, normal in der Gestalt der einzelnen Knochen und nicht zu plump, namentlich müssen die Gelenkenden der Knochen nicht dick sein und ihre eckigen und kantigen Vorsprünge nicht derart entwickelt, dass sie sich an der lebenden Gestalt in störender Weise geltend machen.

In zweiter Reihe müssen die Muskeln genannt werden. Alle sind einig, dass es keine schöne Männergestalt ohne gut entwickelte Muskeln gibt, aber auch beim Weibe sind sie nicht zu entbehren. Sie müssen nur nicht so deutlich unter der Haut liegen wie beim Manne, sie müssen durch eine mässige Fettdecke verhüllt sein.

Das Fett allein, wenn die darunter liegenden Muskeln schlecht entwickelt sind, gibt keine plastischen Formen, keine guten Linien. Es zeigt sich dies schon an den Armen mancher Frauen, deren Muskulatur schlecht entwickelt ist, sei es wegen ererbter Anlage, sei es weil sie ihre Arme in der Jugend zu wenig brauchten. Wenn diese auch durch Fettablagerung einen vollen Arm bekommen, so erreicht er doch nie die künstlerische Schönheit des Armes, der auch in seinen Muskeln gut entwickelt ist. Noch auffälliger ist der Unterschied, wenn man den ganzen Körper in Betracht zieht.

Man kann deshalb auch nie sagen, dass die Schönheit eines Körpers ihren Höhepunkt erreicht habe, so lange die Muskulatur nicht vollständig entwickelt ist. Beim Manne kann man dies nach der Kraft bemessen, die er zu entwickeln vermag. Es sind dabei aber nur solche Kraftproben zu berücksichtigen, bei denen er nur mit seinen Muskeln wirkt, bei denen das Gewicht seines Körpers nicht in Betracht kommt, denn dieses kann noch lange zunehmen, wenn seine Muskeln bereits vollständig entwickelt sind.

Wenn man diese Regel einhält, so kann man bei Männern wohl die Zeit zwischen dem 24. und dem 28. Lebensjahre als diejenige ansehen, in welcher sich die Entwickelung der Muskulatur vollendet. Es ist von untergeordneter Bedeutung, dass, wenn die Muskeln früher nicht geübt waren, durch Uebung ihre Leistungen auch noch später gesteigert werden können. Schwieriger ist es den richtigen Terminus für die Mädchen zu bestimmen, da hier die Erfahrungen wenig zahlreich sind, und nur vermuthungsweise lässt sich die Zeit vom 20. bis zum 24. Lebensjahre als diejenige bezeichnen, in welcher bei gleichbleibender Gesundheit die Masse des Muskelfleisches anfängt stationär zu werden.

Die Zeit der höchsten Körperschönheit auf ein späteres Alter auszudehnen, ist schon deshalb nicht thunlich, weil die Gestalt der Brüste vom 24. Lebensjahre an, häufig aber auch schon viel früher, anfängt sich zu verschlechtern.

In dritter Reihe ist das Fett zu berücksichtigen. Nicht nur der weibliche Körper, sondern auch der männliche bedarf einer gewissen Menge von Fett. Ich habe Gelegenheit gehabt einen herkulisch gebauten Mann zu sehen, bei dem zugleich das Fett unter der Haut des ganzen Körpers fast gänzlich mangelte. Der Mann war entschieden hässlich.

Abgesehen davon, dass die Proportionen seines Skelettes viel zu wünschen übrig liessen, dass er zu untersetzt gebaut war, machte es einen schlechten Eindruck, wie die dünne, fettlose Haut über die ungeheuren Muskeln hingezogen war, und wie die letzteren bei der Action als unförmige Knollen und Stränge hervortraten und sich zwischen ihnen tiefe Furchen scharf einschnitten. Nur durch eine leichte Fetthülle wird diese Erscheinung gemildert und entstehen die harmonischen Formen, wie wir sie an den Götter-, Heroen- und Athleten-Gestalten kennen, welche uns das Alterthum hinterlassen hat.

Die Gestalt aber, welche das Fett den Körperformen gibt, ändert sich mit dem Lebensalter. Der Fettreichthum des Kindes schwindet in der Regel in den Jahren des raschen Wachsthums, so dass nach vollendeter Geschlechts-Entwickelung der Körper in der Regel fettarm ist. Wo sich grössere Fettmengen finden, sind sie zumeist am Rumpf, am Bauch, an den Hinterbacken, zum Theil auch an der Brust und an den Oberschenkeln angehäuft. Fettarm bei beiden Geschlechtern sind die Arme, die namentlich bei Weibern später oft einen bedeutenden Fettreichthum anhäufen. Ob der dicke Oberarm lediglich von den fortschreitenden Jahren abhängt, oder auch von den Veränderungen, welche Schwangerschaft und Geburt mit sich bringen, wage ich nicht zu sagen. Sicher ist, dass man ihn häufiger an Frauen sieht als an alternden Mädchen. Wenn, was, wie Jedermann weiss, keineswegs immer der Fall ist, das Fett nach den Blüthejahren schwindet, so schwindet es in der Regel zuerst im Gesicht, an den Händen, den Armen, den Hinterbacken und an den Oberschenkeln, dann an den Unterschenkeln und zuletzt am Rumpfe. Auf dem Bauche haben oft abgemagerte Greise noch starke Fettpolster.

Der vierte und letzte gestaltende Factor ist die Haut. Man rühmt immer die Schönheit einer feinen Haut, der Künstler hat aber nicht sowohl eine feine als eine elastische

Haut zu rühmen. Die Menge der elastischen Fasern, welche in das Bindegewebe der Haut eingeschlossen ist, ist verschieden je nach den Rassen und je nach den Individuen, und sie ist es, welche die Haut eng und gut anliegend macht. Die Haut darf nicht für den Körper zu weit werden, wie dies bei der Abmagerung früher besser genährter Individuen geschehen kann.

Eine sehr feine aber leicht verschiebbare, also an ihre Unterlagen mangelhaft befestigte Haut kann manchmal Einzelheiten in sehr eleganter Weise zu Tage treten lassen, aber der Gestaltung im grossen und ganzen ist nur eine Haut günstig, welche an ihre Unterlagen gut befestigt ist und dabei hinreichenden elastischen Widerstand leistet. Sie wirkt besser auf die Gelenke und namentlich auf die Gestalt und Haltbarkeit der weiblichen Brüste. Es ist ja an sich begreiflich, dass einigermassen derbe und widerstandsfähige Haut die Brust besser in ihrer Lage erhalten muss als eine zu dünne und lose. Sie wird auch später als eine solche die Falte unter der Brust zustande kommen lassen, welche letztere künstlerisch unbrauchbar macht. Man muss aber zugleich in Betracht ziehen, dass die Beschaffenheit der Gewebe allgemeine Eigenschaften des Individuums sind und dass man deshalb aus der Beschaffenheit des Bindegewebes der Haut einen Wahrscheinlichkeitsschluss auf das übrige Bindegewebe desselben Individuums machen kann. Durch solches ist aber die Brustdrüse mit den darunterliegenden Muskeln verbunden. Wo also die Haut nur locker befestigt ist, mag auch die Brustdrüse auf den Muskeln nur locker befestigt sein.

Es ist bekannt, dass türkische Tänzerinnen, die sogenannten Almeh, bei ruhendem Körper ihre Brüste bewegen können, indem sie die darunter liegenden grossen Brustmuskeln in geeigneter Weise zusammenziehen. Es ist aber im Orient auch bekannt, dass nicht alle Mädchen, welche sich dem Gewerbe widmen, dieses Kunststück in gleicher Vollkommenheit erlernen. Da man nun glauben sollte, dass alle die geeignete Action der Muskeln erlernen könnten, so ist es nicht unwahrscheinlich, dass die Verschiedenheit des Erfolges von der Festigkeit abhängt, mit der Brustdrüse und *M. pectoralis major* mit einander verbunden sind.

Ich bin in dem ganzen Buche von der Idee ausgegangen, dass die schönsten unter den Menschengestalten zur Darstellung gebracht werden sollen, diejenigen, welche in allen Stellungen und in allen Ansichten die besten Linien geben.

Diese Idee beherrschte auch die Bildnerei des klassischen Alterthums und gieng namentlich in der Periode, welche man als die Praxitelei'sche zu bezeichnen pflegt, in das allgemeine Bewusstsein über. Aber ich muss hier am Schlusse noch einmal anerkennen, dass auch die ideale Kunst noch andere Anforderungen machen, noch andere Aufgaben stellen kann.

Es ist bekannt und im Texte mehrfach erwähnt, dass man eine an sich nicht fehlerfreie Gestalt so stellen oder lagern kann, dass der Fehler entweder überhaupt, oder doch für eine bestimmte Ansicht verschwindet. Abgesehen hievon kann aber für gewisse Zwecke und in einer bestimmten Stellung ein minder schönes Modell besser wirken als ein anderes, dem wir nach seiner allgemeinen Verwendbarkeit den Preis zuerkennen müssten. Sobald eine Figur nicht isolirt dargestellt wird, wird sie Theil einer Composition, und dann hängen ihre Linien von den übrigen Linien der Composition ab, sie müssen in dieselbe hineinpassen. Dies gilt für alle figuralen Darstellungen, es gilt im grossen und im kleinen, bei der Füllung eines Giebelfeldes so gut, wie bei einem getriebenen Schmuckstücke.

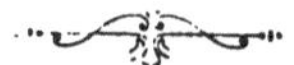

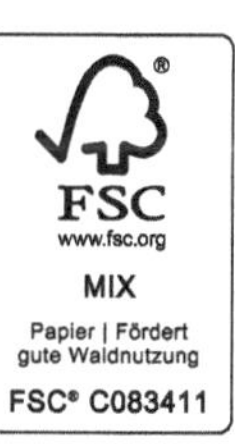

Zeitfracht Medien GmbH
Ferdinand-Jühlke-Straße 7
99095 Erfurt, Deutschland
produktsicherheit@kolibri360.de